日本語の豊かな擬音語 擬態語を英語でこう言う

ルーク・タニクリフ

Luke Tunnicliffe

はじめに

こんにちは！ 「英語with Luke」のルークです。

僕はイギリス人の父とアメリカ人の母を持ち、イギリスで生まれ、13歳でアメリカに引っ越しました。大学を卒業した後はアメリカで記者として働き、日本に来てからは新潟県の中学校で子供たちに英語を教えました。その後、日本人に英語のネイティブ感覚を教えるためのブログ「英語 with Luke」を開設。『「とりあえず」は英語でなんと言う？』（大和書房）や『「カジュアル系」英語のトリセツ』（アルク）など、たくさんの本を書きました。

僕は日本語についていろいろ勉強してきましたが、今でもよく間違えるのが、onomatopoeia（オノマトペ）の使い方です。**オノマトペとは、日本語に豊富にある「擬音語・擬態語」**のことです。「ざあざあ」「ちゃりちゃり」「ワンワン」など、**物音や自然界の音、動物の鳴き声など、実際の音を言葉で表しているのが擬音語**。「てきぱき」「のんびり」「はらはら」「しくしく」など、**物事や動作の様子、感情、感覚などを音のイメージで捉え、言葉で表現したものが擬態語**です。

英語のオノマトペの多くは、実際の音を言葉で表現する擬音語です。例えば、朝食のとき、ベーコンを焼く音はsizzleで表します。コーヒーメーカーからコーヒーが滴る音はdripになります。そして、トーストをかじるときの音はcrunchです。これらの英語のオノマトペは、日本語でも「じゅーじゅー」「ぽたぽた」「さくさく」という擬音語になります。

しかし、**日本語のオノマトペはもっと幅広く使える**点が大きな特徴です。感情を表す「るんるん」、外見の「きらきら」、感覚の「さらさら」など、**音のないものに使える擬態語が非常に豊富にある**からです。**オノマトペは日本語という言語の重要なエッセンス**と言えると思います。英語のオノマトペと比べるとバリエーションが豊富で、微妙なニュアンスの違いが数多く存在しますが、ほとんどの日本人は、あまり意識せずにこれらを使い分けているでしょう。

一方、日本語を学ぶ外国人にとって、日本語のオノマトペはとても厄介です。例えば、僕がシェアハウスで暮らしていた頃、お腹が痛いときに「お腹ががんがんする！」と友人に言うと、「それは違うよ。しくしくするか、ずきずきするか、きりきりする、でしょ？　どんなふうに痛いの？」と言われました。「しくしく」と「ずきずき」と「きりきり」の違いについて初めて知った当時の僕は、日本語のオノマトペの難しさと面白さに強い興味が湧きました。

逆に、英語を勉強しているみなさんが、「しくしく」「ずきずき」といった感覚を英語でうまく伝えようと思っても、なかなか難しいのではないでしょうか。本書の目標は、**日本語にとって重要なオノマトペのニュアンスを、自然な英語で伝えられる**ようになることです。日本語のオノマトペを機能とテーマで分類し、「ごくごく」(gulp)、「ざあざあ」(rain cats and dogs) など、**擬音語・擬態語のニュアンスにふさわしい英語表現を紹介**しています。英語では、比喩表現やイディオム、副詞、動詞などで言い換えられることが多いのが特徴です。

日本語と比べると、英語のオノマトペはあまり豊かではないかもしれませんが、コミックや広告ではよく使われていて、面白い点がたくさんあります。また、日本語ではオノマトペで伝えることを、英語では頭韻法などで表現することがよくあります。これらの点はColumnに書いています。日本語のオノマトペを英語で表現する際に役に立ちますので、ぜひ参考にしてください。

この本では、オノマトペについて僕が勉強したことや日本人の友人との会話から学んだことを、たくさんの例文とともにまとめています。英語の音楽を聴くときや、映画やドラマを見るとき、ここで紹介したいろいろなオノマトペが、さりげなく使われていることに気付くでしょう。みなさんが普段何気なく使っているオノマトペを通して、よりいっそう英語に興味を持っていただけたら嬉しいです。

Luke Tunnicliffe

本書の構成と使い方

テーマ

各Partは複数のテーマ（オノマトペの使用場面）で構成されています。数字はPart内でのテーマの通し番号です。

Part

オノマトペは、機能（例「動作を表す」）に応じて5つのPartに分かれています。

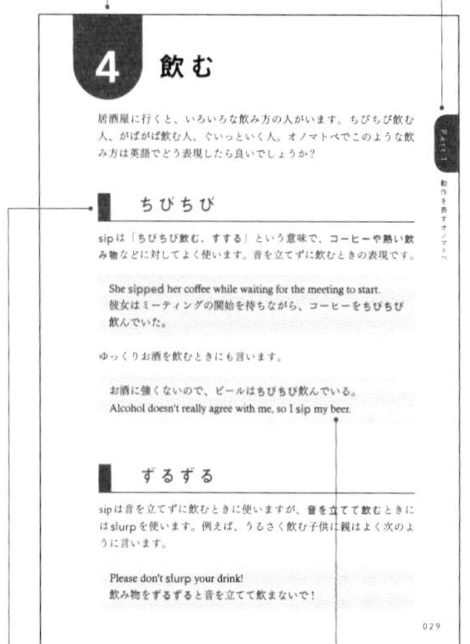

4 飲む

居酒屋に行くと、いろいろな飲み方の人がいます。ちびちび飲む人、がばがば飲む人、ぐいっといく人。オノマトペでこのような飲み方は英語でどう表現したら良いでしょうか?

Part 1 動作を表すオノマトペ

ちびちび

sipは「ちびちび飲む、すする」という意味で、コーヒーや熱い飲み物などに対してよく使います。音を立てずに飲むときの表現です。

She sipped her coffee while waiting for the meeting to start.
彼女はミーティングの開始を待ちながら、コーヒーをちびちび飲んでいた。

ゆっくりお酒を飲むときにも言います。

お酒に強くないので、ビールはちびちび飲んでいる。
Alcohol doesn't really agree with me, so I sip my beer.

ずるずる

sipは音を立てずに飲むときに使いますが、音を立てて飲むときにはslurpを使います。例えば、うるさく飲む子供に親はよく次のように言います。

Please don't slurp your drink!
飲み物をずるずると音を立てて飲まないで!

029

「飲む」ときのオノマトペ
英語で言うなら……

ちびちび —— sip（ちびちび飲む、すする）
するずる —— slurp（音を立てて飲む）
がばがば、ごくごく —— gulp（がばがば飲む、ごくごく飲む）
がぶがぶ —— guzzle（がぶがぶ飲む） ＊くだけた言い方
ごくり —— take a swig（ごくりと飲む）
ぐいっと —— chug（一気に飲む）

032

見出し語

日本語のオノマトペです。別のテーマやColumnの中で同じ音、または意味が類似するオノマトペが扱われている場合に、参照ページを記載しています。あわせて参考にしてください。

解説・例文

日本語のオノマトペのニュアンスを英語でどのように表現すれば良いか、Luke先生がおすすめのフレーズを紹介し、例文とともに解説しています。

表現リスト

テーマの中で、見出し語のオノマトペに対応する英語表現として紹介されたフレーズをまとめています。知識の整理と表現力アップにお役立てください。

本書では、日本語のオノマトペを自然な英語に訳したフレーズを学ぶことができます。オノマトペは動作の様子や感情、感覚などをいきいきと伝えることができる、会話のエッセンス。英語でのコミュニケーションの際に、ぜひ本書に出てくるフレーズを使ってみてください。

Column

「英語のオノマトペ」について学べるコーナーです。英会話やコミック、広告などで使われているさまざまなオノマトペをLuke先生が紹介しています。日本語のオノマトペを英語で表現するときにも役立ちます。

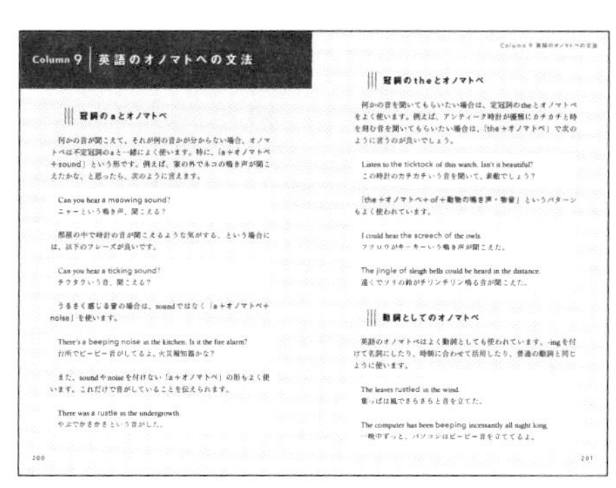
Column 9 英語のオノマトペの文法

冠詞のaとオノマトペ

何かの音が聞こえて、それが何の音かが分からない場合、オノマトペは不定冠詞のaと一緒によく使います。特に、「a＋オノマトペ＋sound」という形です。例えば、家の外でネコの鳴き声が聞こえたかな、と思ったら、次のように言えます。

Can you hear a meowing sound?
ニャーという鳴き声、聞こえる？

部屋の中で時計の音が聞こえるような気がする、という場合には、以下のフレーズが良いです。

Can you hear a ticking sound?
チクタクいう音、聞こえる？

うるさく感じる音の場合は、soundではなく「a＋オノマトペ＋noise」を使います。

There's a beeping noise in the kitchen. Is it the fire alarm?
台所でビービー音がしてるよ。火災報知器かな？

また、soundやnoiseを付けない「a＋オノマトペ」の形もよく使います。これだけで音がしていることを伝えられます。

There was a rustle in the undergrowth.
やぶでかさかさという音がした。

200

Column 9 英語のオノマトペの文法

冠詞のtheとオノマトペ

何かの音を聞いてもらいたい場合は、定冠詞のtheとオノマトペをよく使います。例えば、アンティーク時計が優雅にカチカチと時を刻む音を聞いてもらいたい場合は、「the＋オノマトペ」で次のように言うのが良いでしょう。

Listen to the ticktock of this watch. Isn't it beautiful?
この時計のカチカチいう音を聞いて、素敵でしょう？

「the＋オノマトペ＋of＋動物の鳴き声・物音」というパターンもよく使われています。

I could hear the screech of the owls.
フクロウがキーキーいう鳴き声が聞こえた。

The jingle of sleigh bells could be heard in the distance.
遠くでソリの鈴がチリンチリン鳴る音が聞こえた。

動詞としてのオノマトペ

英語のオノマトペはよく動詞としても使われています。-ingを付けて名詞にしたり、時制に合わせて活用したり、普通の動詞と同じように使います。

The leaves rustled in the wind.
葉っぱは風でさらさらと音を立てた。

The computer has been beeping incessantly all night long.
一晩中ずっと、パソコンはピーピー音を立ててるよ。

201

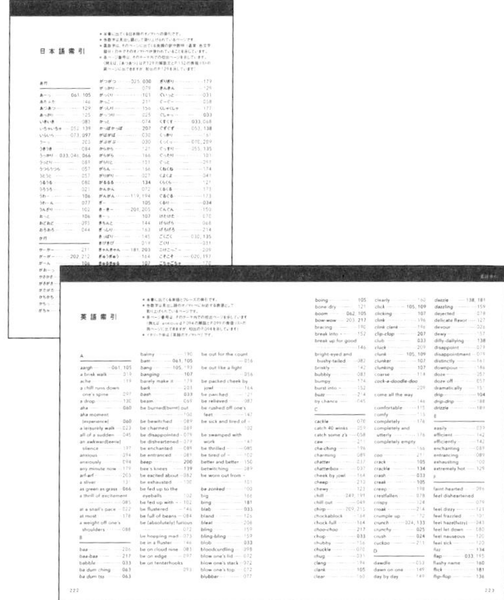
日本語索引

英語索引

索引

本書に出てくる日本語のオノマトペと英語の索引です。調べたいオノマトペがあるときや、本書で学んだ表現を復習する際などにご活用ください。日本語索引では、見出し語の他、解説の中やColumnに出てくるオノマトペ（通常、色文字になっています）も掲載しています。また、英語索引では、「英語のオノマトペ」をイタリック体で表記しています。

CONTENTS

Part

1

動作を表す オノマトペ

1 見る

「見る」を表す基本的な単語は、watch（集中して見る）、see（無意識に見る）、look（意識的に見る）です。この3語の使い分けは難しいかもしれませんが、幸いなことに、「見る」ときのオノマトペを表す英語表現はそんなに複雑ではありません。

ちらっと

何かを**ちらっと素早く見る**ときに、英語では**glance**とよく言います。

He **glanced** at his watch.
彼は腕時計を**ちらっと**見た。

相手に気付かれないように、ちらっと見る場合には、**sneak a look**と言えます。sneakは何かをこそこそするときに使う動詞です。

I **sneaked a look** at the celebrity who came into the store.
店に入って来た芸能人に**ちらっと**目をやった。

ganderは「オスのガチョウ」ですが、**take a quick gander**というフレーズは「ちらっと見る」という意味になります。オスのガチョウはよく、首を伸ばして**周囲を見回して**いるからです。

The thief **took a quick gander** at the gold watch.
泥棒は金の時計を**ちらっと**見た。

ちらちら

「ちらちら」見る様子を表現したいときにもglanceが使えます。**繰り返し何度もちらちら見る**場合は、keep -ing（〜し続ける）とglanceを組み合わせた、**keep glancing**というフレーズが良いです。

That guy **keeps glancing** at us.
あの男、**ちらちら**見てくるよね。

じろじろ

「じろじろ見ないで」と言いたい場合は、Stop staring at me. と言います。**stare**には、日本語の「じろじろ」と同じように、「**相手の気持ちを考えずに見る**」というニュアンスがあります。びっくりしてじろじろ見るときにはstareがぴったりです。

I couldn't help but **stare** at his polka-dot suit.
彼の水玉模様のスーツをつい**じろじろ**と見てしまった。

じろじろ見られたときには、stareの受け身でも言えますが、次のような文では能動態で言うのが自然です。

People are always **staring** at me. I don't know why!
いつも人が僕を**じろじろ**見てくる。わけが分からない！

じろっ

痛いほどじろじろ見られるときがあるでしょう。daggerは「短剣」という意味ですが、**look daggers**や**shoot daggers**はじろりと「**刺すような目つきでにらみ付ける**」様子を表します。

Diana **looked daggers** at Tom at the restaurant. Maybe they had an argument.
レストランでダイアナがトムのことを**じろっ**とにらみ付けていたんだ。けんかでもしたのかな。

じっと

「凝視する」と訳されることのある**gaze**ですが、この語は例えば、きれいな絵、人、自然など**美しい物に見入る**ときによく使います。

I **gazed** at the beautiful blue moon.
僕は、きれいな青い月を**じっと**見ていた。

ぽかん

gawkは、**驚いて目を見開いている様子**を表します。何かをばかみたいに見つめている、というイメージがあるので、あまり丁寧な単語ではありません。

What are you **gawking** at?
何を**ぽかん**と見ているんだ？

gapeはびっくりしたときや混乱したときに使います。**gape in amazement**というフレーズをよく耳にします。目がびっくりしている様子だけではなく、口をぽかんと開けているイメージがあります。

She **gaped in amazement** when she heard the news.
ニュースを聞くと、彼女の顔は**ぽかん**となった。

ぼーっと、ぼんやり

Part 1-6 (P. 042) 参照

stare into the distanceは「**ぼーっとなって、遠いところをじっと見る**」という意味です。「宙を見つめる」を意味する**stare into space**とも言えます。

The absent-minded professor **stared into the distance**.
ぼんやりした教授は、**ぼーっと**なって遠くを見つめていた。

absent-mindedは「忘れっぽい」という意味で、ぼんやりする癖がある人に対してよく使います。

物がぼんやりと見えるときには**vaguely**が使えます。

I can **vaguely** see the outline of Mount Hakusan.
白山の形が**ぼんやり**と見える。

「見る」ときのオノマトペ
英語で言うなら……

ちらっと —— **glance**（ちらっと素早く見る）
sneak a look（こっそり見る）
take a quick gander（ちらっと見る）

ちらちら —— **keep glancing**（何度もちらちら見る）

じろじろ —— **stare**（じろじろ見る）

じろっ —— **look[shoot] daggers**（にらみ付ける）

じっと —— **gaze**（じっと見る、凝視する）

ぽかん —— **gawk**（ぽかんと見る）　＊使う相手に注意
gape in amazement（ぽかんとなる）

ぼーっと、ぼんやり —— **stare into the distance[into space]**
（遠く［宙］を見つめる）
vaguely see（ぼんやり見える）

2 歩く

英語では、歩き方を説明するために、walk quickly、walk slowlyのように副詞をよく付けますが、strideやstaggerなど、walk以外に使える、いろいろと面白いニュアンスを持った動詞もあります。また、「歩調」という意味のpaceと組み合わせたwalk at a ... paceというフレーズもよく使われます。

すたすた

動詞の**stride**には、**自信を持って大またで歩いている**イメージがあるので、「すたすた」の雰囲気に近いと思います。strideの過去形はstrodeです。

She **strode** down the path with a beautiful feather in her hat.
彼女はきれいな羽の付いた帽子をかぶり、道を**すたすた**と歩いた。

きびきび

活発な速い歩き方を表すときに、briskという形容詞を使った**a brisk walk**という言い方をよくします。

I like to go for **a brisk walk** every morning.
毎朝、**きびきび**と散歩をするのが好きだ。

briskは**walk at a ... pace**の形でも使えます。

Jane **walks at a brisk pace**.
ジェーンは**きびきび**歩く。

こそこそ

Part 5-2 (P. 198) 参照

姿を見せないように歩くときに、**slink**を使います。slinkの過去形はslunkです。恥ずかしいことや怒られるようなことをして、**こそこそと逃げるような**ときに使います。

She **slunk** off from the party.
彼女はパーティーから**こそこそ**と立ち去った。

ぶらぶら

wanderは、**目的なくぶらぶら歩く**ときに使います。

What are you up to?
何しているの？

Just **wandering** around Ginza.
銀座を**ぶらぶら**歩いているだけだよ。

wandererは「ぶらぶら歩く人」を指します。「さまよう人」や「放浪者」という意味もあるので、日常会話ではあまり使いません。

うろうろ

同じ場所をうろうろと歩きまわる様子を表現するには、アメリカ英語の**putter around**、イギリス英語の**potter around**がぴったりです。

Where's dad?
お父さんはどこ？

He's **puttering around** the garden.
庭で**うろうろ**しているよ。

ふらふら、よろよろ

staggerは、**酔った人が千鳥足で歩く**様子や、**疲れたときの不安定な歩き方**を表します。

After five pints at the pub, I **staggered** back to my house and immediately fell fast asleep.
居酒屋で5パイントを飲んだ後、家まで**ふらふら**歩いて帰るなり、すぐにぐっすりと眠り込んだ。

lurchも酔っている人の歩き方に対して使いますが、staggerより激しいイメージがあり、**よろめきながら歩く**様子を表します。

He **lurched** forward and almost hit his head on the ground.
彼は**よろよろ**と前のめりになり、ほとんど地面に頭をぶつけそうだった。

staggerもlurchもto one's feetと一緒によく使い、**stagger[lurch] to one's feet**で**よろよろと立ち上がる**様子を表します。

Sally **lurched to her feet** after a long night of drinking.
夜遅くまで飲んだ後、サリーは**よろよろ**と立ち上がった。

よちよち

Column 1 (P. 033)参照

赤ん坊がよちよち歩くときに、**toddle**をよく使います。

When Michael saw the cat, he **toddled** toward it.
マイケルはネコを見ると、そっちの方に**よちよち**と歩いていった。

toddleにrを付けてtoddlerとすると、「よちよち歩きができるようになった赤ん坊」という意味になります。

のろのろ

walk at a snail's paceは、**カタツムリのようにゆっくり歩く**という面白い表現です。

He was **walking at a snail's pace**.
彼は**のろのろ**と歩いていた。

at a snail's paceは動き方だけではなく、時間がゆっくりたつときにも使えます。

During the lockdown, time passed **at a snail's pace**.
ロックダウンのとき、時間は**のろのろ**と過ぎていった。

のんびり

leisure activityと言えば「余暇の活動」ですが、leisurelyという形容詞は「のんびりした」という意味になります。**a leisurely walk**は、**ゆっくりとした速さで歩く**ときに使います。

See you. I'm just going out for **a leisurely walk**.
行ってきます。ちょっと、**のんびり**散歩に行ってくるね。

「歩く」ときのオノマトペ 英語で言うなら……

すたすた —— **stride**（大またで歩く）

きびきび —— **a brisk walk**（きびきびと歩くこと）
walk at a brisk pace（きびきびと歩く）

こそこそ —— **slink**（こそこそ動く、逃げる）

ぶらぶら —— **wander**（あてもなくぶらぶら歩く）

うろうろ —— **putter[potter] around**（うろうろ歩きまわる）

ふらふら、よろよろ —— **stagger**（よろよろ歩く、千鳥足で歩く）
lurch（よろめく）
stagger[lurch] to one's feet（よろよろと立ち上がる）

よちよち —— **toddle**（よちよち歩く）

のろのろ —— **walk at a snail's pace**（のろのろ歩く）

のんびり —— **a leisurely walk**（のんびり歩くこと）

3 食べる

「食べる」を表す基本的な単語はeat、「かむ」はchewですが、日本語と同じように、食べる音を表現する英語がたくさんあります。また、食べる様子を動物の食べ方に例えたり、いろいろな前置詞を使い分けて微妙な食べ方のニュアンスを伝えたりします。

むしゃむしゃ、もぐもぐ

munchは、ゆっくり食べる感じです。かむときに**「もぐもぐ」と顎が動いているイメージ**です。munchは柔らかい食べ物に対して使います。例えば、ポップコーン、サラダ、サンドイッチ、スナックなどです。ちなみに、おやつがどうしても食べたくなるときに使うget the munchiesというフレーズがあります。

When I watch a movie, I like to **munch** on some popcorn.
映画を見るときに、ポップコーンを**むしゃむしゃ**食べるのが好き。

ぼりぼり

crunchは**crush（つぶす）とmunch（むしゃむしゃ食べる）を組み合わせた動詞のオノマトペ**です。英語では、りんごやにんじんのような固い野菜や果物にcrunchを使います。固い音の「k」があるので、固い物を食べるときの感じをよく表すと思います。

I **crunched** on a delicious carrot.
おいしいにんじんを**ぼりぼり**かじった。

crunchの形容詞**crunchy**は「**しゃきしゃき**」という食感を表すのによく使います。

What a delicious **crunchy** apple!
何ておいしい、**しゃきしゃき**のりんご！

がつがつ、がっつり

英語の食べ方の単語は、オオカミやブタなど、動物の単語をよく使います。wolfは「オオカミ」という意味ですが、**wolf down**は**オオカミのように貪り食べる**ときに使います。

Every morning, I **wolf down** my breakfast and race to the school bus.
毎朝、朝ご飯を**がつがつ**食べてスクールバスまで走る。

gobbleも「がつがつ食べる」という意味ですが、不思議なことに、wolf downと違ってupと一緒に使い、**gobble up**と言います。矛盾するようですが、wolf downは平らげた物が口から胃へと下りていくイメージで、gobble upのupはeat upと同じように「**食べ尽くす**」というイメージになります。

The Sunday roast was so delicious I **gobbled** it all **up** in no time.
サンデーローストがめちゃおいしかったので、あっという間に**がつがつ**と平らげた。

pig outは**ブタのように大食いする**というイメージです。今までは、upとdownの前置詞を見ましたが、pigはoutと一緒に使います。このoutは「無制限に努力する」という意味のgo all outのoutに似ていて、**無制限に食べる**ことを表しています。ブタのように、食べたい物を何でもがつがつ食べるというイメージです。pig outはインフォーマールなフレーズで、通常、スナックや不健康な食べ物に対してよく使います。

I **pigged out** last night on pizza and ice cream.
昨夜、ピザとアイスを**がつがつ**食べた。

ちなみに、eat like a pigと言うと、「ブタのように行儀悪く食べる」という意味になります。親は子供に対してよく、Stop eating like a pig!と叱ったりします。pig outとeat like a pig、どちらもブタに例えたフレーズですが、意味も使う場面も異なりますので、注意しましょう。

お腹が空いていて、たくさんの食べ物をはやく食べるときには、**devour**が使えます。「**貪る**」という意味の動詞で、たくさんの本を貪り読むこともdevourで表せます。

I **devoured** two pizzas this morning.
今朝、ピザを2枚**がっつり**食べた。

I **devoured** all of Luke's English books today.
今日、ルークの英語の本を片っ端から**がっつり**読んだ。

ぺろり

polishは「磨く」という意味で、**polish off**と言うと、**お皿がぴかぴかになるくらい、食べ物をきれいに食べ尽くす**、というイメージです。ご飯がとてもおいしくて、最後のお米一粒まで食べたい、というようなときに使います。前置詞のoffを使う理由は、全てを食べ切る、というニュアンスを伝えるためです。

I **polished off** the fruitcake in under three minutes.
フルーツケーキを3分以内に**ぺろり**と食べた。

ちびちび

Column 1（P. 033）参照

nibbleは、**ネズミのようにちびちびと食べる**イメージです。でも、nibbleは気持ち悪い食べ方ではなく、かわいい食べ方の印象を与えます。とてもおいしいクッキーを手にして、少しずつかじりながら食べるようなときにぴったりです。

My daughter likes to **nibble** her cookies.
娘はクッキーを**ちびちび**と食べるのが好きだ。

がりがり

gnawもネズミのようにかじるイメージですが、「**前歯で食べる**」という少し気持ち悪いニュアンスになります。gnawは骨やナッツなどの食べにくい物に対して使います。

The dog **gnawed** on his bone.
そのイヌは骨を**がりがり**とかじった。

「食べる」ときのオノマトペ 英語で言うなら……

むしゃむしゃ、もぐもぐ ― **munch**（〔柔らかい物を〕むしゃむしゃ食べる）

ぼりぼり ―― **crunch**（〔固い物を〕ぼりぼり食べる）

がつがつ、がっつり ―― **wolf down**（貪り食べる）
gobble up（がつがつと食べ尽くす）
pig out（大食いする）
devour（貪り食べる）

ぺろり ―― **polish off**（きれいに平らげる）

ちびちび ―― **nibble**（少しずつかじりながら食べる）

がりがり ―― **gnaw**（がりがりかじる）

4 飲む

居酒屋に行くと、いろいろな飲み方の人がいます。ちびちび飲む人、がばがば飲む人、ぐいっといく人。オノマトペでこのような飲み方は英語でどう表現したら良いでしょうか？

ちびちび

sip は「**ちびちび飲む、すする**」という意味で、**コーヒーや熱い飲み物**などに対してよく使います。音を立てずに飲むときの表現です。

She **sipped** her coffee while waiting for the meeting to start.
彼女はミーティングの開始を待ちながら、コーヒーを**ちびちび**飲んでいた。

ゆっくりお酒を飲むときにも言います。

お酒に強くないので、ビールは**ちびちび**飲んでいる。
Alcohol doesn't really agree with me, so I **sip** my beer.

ずるずる

sip は音を立てずに飲むときに使いますが、**音を立てて飲む**ときには **slurp** を使います。例えば、うるさく飲む子供に親はよく次のように言います。

Please don't **slurp** your drink!
飲み物を**ずるずる**と音を立てて飲まないで！

がばがば、ごくごく

Column 6 (P. 135)参照

がばがば飲むときに、**gulp**をよく使います。ちなみに、アメリカのコンビニでは、XLサイズのソーダはBig Gulpとよく呼ばれています。

He **gulped** the energy drink down.
彼はエナジードリンクを**がばがば**と飲んだ。

glug glugは**喉の音を表すオノマトペ**です。飲み物をはやく飲むときに使います。しかし、日常会話より、コミックや小説で使われています。

Glug glug glug. She drank it all down.
ごくごくごく。彼女はそれを飲み干した。

がぶがぶ

guzzleは、**がぶがぶ飲む**ときや**がつがつ食べる**ときに使います。この単語は少しくだけた英語です。

The boy **guzzled** his drink down and went out to play.
男の子は飲み物を**がぶがぶ**飲むと、外に遊びにいった。

英語で、音をさせながらはやく飲むときの単語はgの音を使いますね。日本語も、「がぶがぶ」「がばがば」「ごくごく」のように、よくgの音を使うので、これは面白い共通点でしょう。

ごくり

swigは**喉を鳴らして一気に飲む**ときに使う語です。意味はgulpに似ていますが、通常名詞の形で、**take a swig**というフレーズで使います。

She **took a swig** of the whiskey.
彼女はウイスキーを**ごくり**と飲んだ。

ぐいっと

chugは「**ぐいっと一気に飲む**」という意味で、アメリカの大学でよく聞く単語です。大学生のパーティーでは、相手にビールなどを飲み干してもらいたいとき、周りの人がchug, chug, chugと唱える習慣があります。日本の飲み会で聞く「イッキ！　イッキ！」に似ていますね。

I **chugged** it down.
ぐいっと飲んだ。

「飲む」ときのオノマトペ英語で言うなら……

ちびちび —— **sip**（ちびちび飲む、すする）

ずるずる —— **slurp**（音を立てて飲む）

がばがば、ごくごく —— **gulp**（がばがば飲む、ごくごく飲む）

がぶがぶ —— **guzzle**（がぶがぶ飲む）　*くだけた言い方

ごくり —— **take a swig**（ごくりと飲む）

ぐいっと —— **chug**（一気に飲む）

Column 1 英語の「音」が伝えるイメージ

語尾の音でいろいろな意味を表す

「**よちよち**」という日本語の音とリズムは、小さな歩幅で歩くイメージをよく表現していて、幼い子がおぼつかない足取りで歩く姿がすぐに思い浮かぶでしょう。英語では、このような歩き方を**toddle**や**waddle**という語で表現します。waddleはアヒルやペンギンなどの歩き方に対してよく使う比喩的な言葉で、ネイティブはペンギンのように歩く赤ちゃんを思い浮かべます。

toddleとwaddleのように、**leで終わる単語は反復する動きや漠然とした動きを表します。**例えば、**babble**（**さらさら**流れる、たわごとを言う）、**giggle**（**くすくす**笑う）、**joggle**（せわしなく揺れ動く）、**nibble**（**ちびちび**かじる）です。

英語では、**bで終わる単語はよく大きな無定形の物を表します。**例えば、**blob**（かたまり）、**mob**（暴力的な群衆）、**club**（クラブ）、**blab**（**うっかり**しゃべる）です。日本語でも、bの音を持つ語は似ている感覚を表すでしょう。例えば、「びりびり」「ばたばた」「ぼたっ」「ぶるぶる」などです。

日本語では、「し」を使っている語が感情的な状態を表現することが多いでしょう。例えば、「悲しい」「嬉しい」「楽しい」などです。一方で、英語では、**shで終わる英単語は勢いのある動きをよく表します。**例えば、**bash**（**ばしっ**とぶつける）、**crash**（衝突する）、**mash**（押しつぶす）、**squish**（**ぐしゃっ**とつぶす）です。

pで終わる単語は急な動きを表します。例えば、**chop**（〔斧などで〕たたき切る）、**flap**（〔トリや旗などが〕**ぱたぱた**する）、drip（**ぽたぽた**落ちる）、**snap**（**ぽきん**と折れる）などです。

単語の始まりでイメージを伝える

日本語では、「こそこそ」や「さらさら」のように清音のオノマトペは小ささや滑らかさを表す一方で、「ごそごそ」や「ざらざら」のように濁音のオノマトペは大きさや粗雑さを表します。英語では、この清音と濁音の違いがありません。しかし、**swで始まる単語は滑らかに動く様子をよく表します**。例えば、**sway**（**ふらふら**［**ゆらゆら**］揺れる）、**swift**（速やかな）、**swivel**（**くるり**と回転する）、**swoop**（飛びかかる）などです。

snで始まる単語はよく不愉快なことを表します。例えば、**snigger**（**ひそひそ**笑う）、**snatch**（奪い取る）、**sneer**（あざ笑う）です。

光ることはglの音でよく表現します。例えば、**glossy**（つやのある）、**glow**（赤々と燃える）、**glint**（**きらり**と光る）、**glare**（**ぎらぎら**光る）、**glisten**（**きらきら**光る）、**glitter**（**きらきら**光る）などです。

slで始まる単語には、**slob**（だらしない人）、**sleazy**（汚い、安っぽい）など、**ネガティブなニュアンスを与える語**が多いです。しかしslのイメージには、**slim**（**ほっそり**）、**slight**（か細い）のように**細いことを表す**ことも、**slump**（急に落ちる）や**slope**（坂）のように**下がっていく動きや物を表す**こともあります。

日本語のオノマトペと同じように、英語でも、音がイメージを伝えることがお分かりいただけたと思います。以下は、ここで紹介した音とイメージの一覧です。こうした、英語の音とイメージの結び付きを知っておくと、日本語のオノマトペを英語で表現するときにも役立ちます。ぜひ参考にしてください。

leで終わる ＝反復、漠然とした動き	babble（さらさら流れる、たわごとを言う）、 giggle（くすくす笑う）、 joggle（せわしく揺れ動く）、 nibble（ちびちびかじる）
bで終わる ＝大きくて無定形	blob（かたまり）、mob（暴力的な群衆）、 club（クラブ）、blab（うっかりしゃべる）
shで終わる ＝勢いのある動き	bash（ばしっとぶつける）、 crash（衝突する）、mash（押しつぶす）、 squish（ぐしゃっとつぶす）
pで終わる ＝短い間で急に起こること	chop（たたき切る）、flap（ぱたぱたする）、 drip（ぽたぽた落ちる）、 snap（ぽきんと折れる）
swで始まる ＝滑らかな動き	sway（ふらふら［ゆらゆら］揺れる）、 swift（速やかな）、 swivel（くるりと回転する）、 swoop（飛びかかる）
snで始まる ＝不愉快なこと	snigger（ひそひそ笑う）、 snatch（奪い取る）、sneer（あざ笑う）
glで始まる ＝光ること	glossy（つやのある）、glow（赤く燃える）、 glint（きらりと光る）、glare（ぎらぎら光る）、 glisten（きらきら光る）、 glitter（きらきら光る）
slで始まる ＝ネガティブなこと、細いこと、 下がっていく動きや物	slob（だらしない人）、 sleazy（汚い、安っぽい） slim（ほっそり）、slight（か細い） slump（急に落ちる）、slop（坂）

5 話す・書く・読む

英語には話し方を表すオノマトペはそれほどありませんが、mumbleやmutterのように「mu」の音で始まる単語は静かな話し方を表します。一方で、勢いよく話すときには、chatterのように、chで始まる単語を使います。

ぺらぺら

英語などを**流ちょうに話すこと**は**fluent**と言います。fluentは形容詞で、次のように言うことができます。

I am **fluent** in English.
私は英語が**ぺらぺら**です。

副詞の**fluently**も使えます。

I speak English **fluently**.
私は英語を**ぺらぺら**話せる。

fluentは、本当にネイティブのレベルに近いというイメージなので、外国語が上手でも、fluentほどじゃないという場合は、「**〜を自在に操れる**」を意味する**have a good command of 〜**という言い方が良いと思います。commandは「使いこなす力」という意味です。

I **have a good command of** French.
私はフランス語が**ぺらぺら**です。

ぺちゃくちゃ

たわいないことを早口でしゃべるときには、**chatter**という動詞をよく使います。

Stop **chattering** and get some homework done!
ぺちゃくちゃ話してないで、宿題をしなさい！

ぺちゃくちゃとよくしゃべる人は**chatterbox**や**motormouth**とよく呼ばれます。chatterboxは「おしゃべり」という意味です。

You are such a **chatterbox**!
あなたは本当に**ぺちゃくちゃ**よくしゃべるね！

motormouthは、motor（モーター）がmouth（口）の中で回転しているかのように早口でしゃべる人、というイメージです。

She is a bit of a **motormouth**. It's hard to get a word in!
彼女は早口で**ぺちゃくちゃ**しゃべる人だ。口を挟むのは難しい！

chatterboxとmotormouthはちょっとネガティブなイメージがあるので、気を付けて使ってください。

ぶつぶつ

mumbleは、**よく聞き取れない声でぶつぶつ話す**ときに使います。

Stop **mumbling** and speak up.
ぶつぶつ言わないで大きい声で話しなさい。

独り言を言うときには、**mumble to oneself**の形で使います。

While I work, I often **mumble to myself**.
僕は仕事をしながら、よく**ぶつぶつ**独り言を言う。

mutterは、**不平をぶつぶつ言う**ときによく使います。

She **muttered** something about my shirt and then went out.
彼女は僕のシャツについて何か**ぶつぶつ**言うと出ていった。

mumbleとmutterの「mu」の音は口をほぼ閉じた状態で言うので、日本語の「ぶつぶつ」という感じをよく表すでしょう。

ひそひそ

Part 1-1 (P. 069) 参照

誰かに**ひそひそとささやくように話す**ときには、英語で**whisper**という動詞をよく使います。

I **whispered** to my friend at the back of the classroom.
僕は教室の後ろで友達と**ひそひそ**と話をした。

talk in a whisperもよく耳にします。

Let's **talk in a whisper**. I don't want anyone to hear.
ひそひそ声で話そう。誰にも聞かれたくない。

「**低い声で話す**」という意味の**speak in a low voice**や、「**静かな声で話す**」の**speak in a hushed voice**も使えます。「し！」「静かに！」と言うときのHush!は聞いたことがあるかもしれませんが、hushed voiceで「静かな声」という意味になります。

They didn't want to disturb the baby, so they **spoke in a hushed voice**.
赤ちゃんを起こしたくなかったので、彼らは**ひそひそ**声で話した。

はっきり

「はっきり言う」は英語で**say what you[they] mean**というフレーズで表現できます。文字通り、「**自分が思っていることを口にする**」ということです。

Come on. Just **say what you mean**.
もう。**はっきり**言ってよ。

I like guys who **say what they mean**.
私は**はっきり**言う男性がタイプです。

すらすら

「すらすら」を辞書でひくと、smoothlyという英語がよく出ています。しかし、英語ではread smoothlyやwrite smoothlyとはあまり言いません。fluentlyは話すときだけに使うので、「すらすら読める」や「すらすら書ける」と言いたいときには、**easily**が良いと思います。

I have an American friend who can **easily** write a letter in kanji.
私には、漢字で手紙を**すらすら**書けるアメリカ人の友達がいる。

また、難なく読み書きできることについて、**without any problems**や**without any difficulties**ともよく言います。

She can read books in English **without any problems**.
彼女は英語の本を**すらすら**読める。

「話す・書く・読む」ときのオノマトペ 英語で言うなら……

ぺらぺら —— **fluent**（流ちょうな）
fluently（流ちょうに）
have a good command of ~（～を自在に操れる）

ぺちゃくちゃ — **chatter**（おしゃべりする）

ぶつぶつ —— **mumble**（ぶつぶつ言う）
mumble to oneself（ぶつぶつ独り言を言う）
mutter（ぶつぶつ不平を言う）

ひそひそ —— **whisper**（ささやく）
talk in a whisper（ささやき声で話す）
speak in a low voice（低い声で話す）
speak in a hushed voice（静かな声で話す）

はっきり —— **say what you[they] mean**
（言いたいことをはっきり言う）

すらすら —— **easily write[read]**（すらすら書く［読む］）
read[write] without any problems [difficulties]（すらすら読む［書く］）

6 考える・分かる

日本語で「考える」ときのオノマトペを英語で表現したい場合は、thinkやconsiderといった普通の動詞ではなく、鮮やかな比喩表現を使うのが楽しいです。have a brain fartは文字通りには「脳みそがおならをする」で、ring a bellは「鐘を鳴らす」。さて、どんなオノマトペを表すのか想像がつくでしょうか？

じっくり

長い時間をかけていろいろな可能性を考えるときには、**ponder**という動詞が良いです。ponderはoverと一緒によく使います。

I spent a long time **pondering** over this problem.
私はこの問題について**じっくり**と考えていた。

何かをじっくりするときには、**take one's time**という簡単な英語をよく使います。このフレーズはアドバイスをあげるときにぴったりです。

You should **take your time** over it.
それは**じっくり**やった方がいいよ。

くよくよ

汗をかくことを英語でsweatと言いますが、**細かいことについてくよくよ悩む**ときに**sweat the small stuff**という表現を使います。特に、アドバイスとしてよく使われています。

Don't **sweat the small stuff**.
そんなに**くよくよ**しないで。

worrywartは1920年代のアメリカのコミックのキャラクターに由来する語ですが、「**心配性**」という意味で今でもよく使われています。

He is such a **worrywart**.
彼は心配性でいつも**くよくよ**している。

ぼんやり、ぼーっと

Part 1-1 (P. 017) 参照

思考が漠然としているときには、「**ぼんやり**」「**かすかに**」という意味の副詞**vaguely**が使えます。

I am **vaguely** aware that something is missing.
何かが足りないと**ぼんやり**感じている。

wishy-washyという英語のオノマトペは、**曖昧な行動をするとき**や煮え切らない優柔不断な人について使います。

Don't give me such a **wishy-washy** answer.
そんなに**ぼんやり**した返事をするなよ。

面白いことに、文字通りには「脳みそはぶらぶら歩いている」というイメージを与えるフレーズ、**one's mind is wandering**は、**ぼーっと**なるときに言います。

Hello?
もしもし?

Oh. Sorry. **My mind was wandering**.
ああ、すみません。**ぼーっと**してました。

もやもや

「もやもや」を英語で表現するのは難しいです。もやもやのイメージは、頭の中にもやが立ち込めていることでしょう。もやがかかったように曖昧な状態のことを英語でhazyやfuzzyと言います。**feel hazy[fuzzy]**で「**混乱している**」や「**はっきり考えられない**」というようなニュアンスになります。

My head **feels hazy[fuzzy]**.
私の頭の中が**もやもや**している。

心に何かが引っ掛かってもやもやしている場合には、gnawという語を使った比喩が良いです。gnawはネズミなどががりがりかじることを意味しますが、何かが心を悩ませ続ける様子をそれに例えて、**gnaw at one**や**gnaw at one's heart**と言えます。

Anxiety was really **gnawing at** him.
彼は心配事でとても**もやもや**としていた。

おろおろ

flusterは、混乱状態になって**どうすればいいのかが分からなくなるときに**使います。

I'm so **flustered** at the moment. I have a job interview, and I can't find my car keys.
今すごく**おろおろ**している。面接はあるし、車の鍵は見つけられないし。

get into a tizzyというフレーズがあります。語源は不明ですが、**落ち着きがなく、パニックになった状態**を表すアメリカ英語のオノマトペです。

He **got into a tizzy**, and I couldn't make head nor tail of what he was saying.
彼は**おろおろ**していて、何を言っているのか私には全く分からなかった。

ふと

out of the blueは「**思いがけなく**」「**出し抜けに**」という意味です。多くの場合、out of the blueは**良い考えを思い付いたとき**や、良いことが起こるときに使います。

Out of the blue, I had this amazing idea.
ふと、素晴らしいアイデアが浮かんだ。

日本語でチャンスと言うと、a good chance（良い機会）という意味になりますが、英語のchanceには他にも意味があります。例えば、

by chanceは、**ふと何かが起きたとき**に使う表現で、この場合のchanceは「偶然」という意味です。

By chance, I found a very interesting old coin by the river.
ふと、川沿いで面白い古い硬貨を見つけた。

はっと

Column 2（P. 060）参照

急に何かをはっと思い出すときには、英語で**suddenly**をよく使います。文章では、**all of a sudden**もよく使われています。

I **suddenly** remembered that I had forgotten to turn off the stove.
コンロを消し忘れていたことを、**はっと**思い出した。

はっとするときには**startle**も使えます。「〜をはっとさせる」という意味の動詞で、人が目的語の位置にきます。

The sounds of the police siren **startled** me.
パトカーのサイレンで**はっと**した。

ぴんと

Column 2（P. 060）参照

何かを思い出したときや、ぴんときたときに、自分の頭の中で鐘が鳴るのをイメージしたことはありますか？　ネイティブは**ひらめくように何かを思い出したとき**などに「鐘を鳴らす」という意味の**ring a bell**という表現をよく使います。

Her name **rings a bell**.
彼女の名前で**ぴんと**きた。

I'm afraid it doesn't **ring a bell**.
残念ながら、それは**ぴんと**こないな。

難しかったことや分かりにくかったことが、**ぴんときて分かるようになったときに**は、**get it**というフレーズが使えます。

Do you **get it**?
意味分かる？

Yup, now I've **got it**.
うん、今**ぴんと**きた。

うっかり

Column 3 (P. 066) 参照

let slipは、**秘密や本当のことをうっかり漏らしてしまうとき**に使うフレーズです。let slipの後にthe truthを続けてよく使います。

She **let slip** the truth.
彼女は本当のことを**うっかり**と言ってしまった。

面白い英語で「うっかり」のニュアンスを表現したい場合は、**have a brain fart**というフレーズがあります。文字通りに訳すと、「脳みそがおならをする」になります。これは少し下品なフレーズなので、使う相手は選んだ方が良いでしょう。**知っているはずのことを思い出そうとしても、思い出せないとき**に使います。

Oops. I've just **had a brain fart**. I've forgotten what your name is.
あっ、**うっかり**あなたの名前をど忘れした。

さっぱり

Part 2-5 (P. 088) 参照
Part 3-3 (P. 126) 参照

何かに対して**全く見当がつかないとき**には、**no idea**というフレーズが役に立ちます。例えば、難しい質問をされて答えが分からなければ、I have no idea. と言うことができます。さらに、no ideaを強調したい場合、**have absolutely no idea**とabsolutelyをよく付けます。

I have absolutely no idea what he's doing.
彼が何をしているのか**さっぱり**分からない。

ネイティブはよく、I have no idea. を略して、No idea. と言います。

Who's that person over there?
あの人誰？

No idea.
さっぱりだね。

「考える・分かる」ときのオノマトペ 英語で言うなら……

じっくり —— ponder（じっくり考える）
take one's time（じっくりやる）

くよくよ —— sweat the small stuff（小さいことをくよくよ悩む）
worrywart（心配性）

ぼんやり、ぼーっと —— vaguely（ぼんやり、かすかに）
wishy-washy（優柔不断な）
one's mind is wandering（ぼーっとしている）

もやもや —— feel hazy[fuzzy]（頭の中がぼんやりする）
gnaw at one[one's heart]（心に引っ掛かる）

おろおろ —— fluster（混乱する、慌てる）
get into a tizzy（うろたえる）

ふと —— out of the blue（思いがけなく）
by chance（偶然に）

はっと —— suddenly（急に）
startle（はっとさせる）

ぴんと —— ring a bell（ぴんとくる）
get it（理解する）

うっかり —— let slip（秘密などをうっかり漏らす）
have a brain fart（ど忘れする）　＊使う相手に注意

さっぱり —— have (absolutely) no idea（さっぱり分からない）
No idea.（さっぱり〔分からない〕）

7 くつろぐ・過ごす

くつろぐ様子を表す英語は歌詞によく出てきます。例えば、エルビス・プレスリーの*Relax*という曲に出てくる"Unwind, turn the lights down low..."のunwindや、エラ・フィッツジェラルドが*Walk Right In*の中で"baby, let your hair hang down ..."と歌うときのlet one's hair downなどです。こうしたフレーズが身に付くと、曲のいろいろな意味が理解できるようになると思います。

のんびり

最近、日本語でも「チル」というスラングがはやっているでしょう。chillのイメージは、**自分の部屋やカフェなどでのんびりしてリラックスする**ことです。例えば、音楽を聴いて落ち着いたり、本を読んだりすることです。

I am **chilling** in my room listening to music right now.
今、部屋で音楽を聴きながら**のんびり**しているよ。

友達を誘いたいときには**chill out**をよく使います。

You want to **chill out** today?
今日は**のんびり**したくない？

put one's feet upは「リラックスする」という意味になります。**椅子に座って、スツールなどに足を載せてのんびりするイメージ**です。

I just want to **put my feet up** and read a book.
ただ**のんびり**と本を読んでいたいな。

ゆっくり

「リラックスする」を意味する**relax**は日本語でもよく使うと思いますが、**ゆったりする**ことを英語で表現したい場合にこの語が役に立つでしょう。

I hope you have a **relaxing** time.
ゆっくり過ごせるといいですね。

よく耳にする**take it easy**は「**リラックスする**」「**気楽にやる**」「**急がない**」という意味です。ネイティブは友達にアドバイスをするときによくtake it easyを使います。

I think that you should **take it easy** for a while.
しばらくは**ゆっくり**した方がいいと思うよ。

unwindは、ひもなどの巻いた物を解くときに使いますが、ストレスから解放されて**緊張がほぐれる**ときにもよく言います。

After a stressful work day, I just want to spend some time to **unwind**.
仕事でストレスだらけの1日を終えた後は、とにかく**ゆっくり**と過ごしたい。

まったり

loungeは「**まったりして過ごす**」「**だらだらとする**」という意味です。ソファでまったりする場合はonと一緒に使い、lounge on a sofaと言います。家の中でまったりして過ごすならaroundを使い、lounge around the houseと言います。

I was **lounging** around the house all day.
一日中ずっと家で**まったり**していた。

わいわい

昔、女性は人の前では髪の毛を結んでいて、リラックスしたいときには髪の毛を下ろしました。ここから、**let one's hair down** は「**羽目を外して楽しむ**」という意味になりました。

Sometimes it's good to just **let your hair down.**
たまには、羽目を外して**わいわい**するのもいいね。

crazy は「正気ではない」という意味ですが、**go crazy** で「**飲み会などをして派手に遊ぶ**」という意味になります。

I want to **go crazy** tonight!
今夜は**わいわい**やりたいよね！

いちゃいちゃ

Column 7 (P. 139) 参照

休日に「いちゃいちゃ」して過ごす人もいるでしょう。**make out**は、**キスやハグをするロマンチックな関係**がある人に対して使います。キスなどをする前に、You want to make out? と聞くネイティブもよくいます。

The young couple **made out** in the corner.
若いカップルが部屋の隅で**いちゃいちゃ**していた。

仲良くいちゃいちゃしているカップルや夫婦に対しては、**like two love birds**という比喩が使えます。とても仲が良いトリのカップルというイメージです。日本語の「おしどり夫婦」と同じように、「**ラブラブ**」な二人という感じです。

They're just **like two lovebirds**.
あの二人は**ラブラブ**だよね。

だらだら

lazyは怠け者に対して使いますが、名詞の前で使うと、「**くつろいだ**」という意味になります。例えば、a lazy day と言えば、「一日中ずっとだらだらする日」です。a lazy afternoon なら「だらだらする午後」になります。

I had a **lazy** day today. I didn't do any work.
今日は一日中**だらだら**してた。仕事は何もしなかった。

Stop being so **lazy**!
そんなに**だらだら**しないで！

ぐずぐず

Column 7（P. 138）参照

dawdleは「**無駄に時間を過ごす**」という意味で、親や先生がぐずぐずしている子供に対してよく使います。学校に行きたくない子供や学校の廊下でぐずぐずしている子供、というイメージが強いです。

Stop **dawdling** and do your homework.
ぐずぐずしていないではやく宿題をしなさい。

やらないといけないことを先延ばしにする場合の「ぐずぐず」には、**put off**が使えます。

I don't want to write this article, so I keep **putting it off**.
この記事を書きたくないので、ずっと**ぐずぐず**して後回しにしている。

「くつろぐ・過ごす」ときのオノマトペ 英語で言うなら……

のんびり ── **chill (out)**（のんびりくつろぐ）
put one's feet up
（〔腰掛けて足を高いところに載せて〕リラックスする）

ゆっくり ── **relax**（リラックスする）
take it easy（気楽にやる）
unwind（緊張がほぐれる）

まったり ── **lounge**（だらだらする）

わいわい ── **let one's hair down**（羽目を外して楽しむ）
go crazy（派手に遊ぶ）

いちゃいちゃ ─ **make out**（いちゃつく）

だらだら ── **lazy**（だらだらした）

ぐずぐず ── **dawdle**（無駄に時間を過ごす）
put off（先延ばしにする）

8 眠る

眠っている状態を英語で表すには、sleep deeplyやsleep lightlyなど、sleepをいろいろな副詞と組み合わせます。また、「寝付く」は普通に言うとfall asleepですが、寝付きが良くすぐにぐっすり寝てしまう様子を表す、面白い比喩表現もあります。

ぐっすり

Column 6 (P. 135) 参照

ぐっすり眠るときには、英語で**sleep deeply**という表現をよく使います。

I **slept deeply** last night.
昨夜は**ぐっすり**眠った。

熟睡するときには**have a deep sleep**もよく使います。

I hope I can **have a deep sleep** tonight.
今夜**ぐっすり**眠れるといいな。

ちなみに、sleep deeplyの反対、**sleep lightly**は「**眠りが浅い**」という意味です。

Ever since the baby was born, I've been **sleeping** very **lightly**.
赤ちゃんが生まれてから、私は**ぐっすり**眠れていない。

logは「丸太」という意味で、**sleep like a log**は**丸太のように眠る**という比喩です。丸太は動かずに森の土の上で横になっているので、ぐっすり眠っている人に見えるのでしょう。丸太ではなく「岩」に例えて、**sleep like a rock**とも言えます。

Rose **slept like a log.**
ローズは**ぐっすり**眠った。

ボクシングでは、ボクサーが強く打たれて気を失ったとき、**be out for the count**と言います。ボクサーが倒れると、レフェリーがカウントダウンをするからです。**気を失ったようにぐっすり眠っている**人に対しても、be out for the countと言えます。特に、とてもはやく寝付くときに言います。また、電球が消えるときぐらいの素早いスピードで寝付くときに、**be out like a light**と言えます。

The moment I shut the door, little Jimmy **was out for the count.**
ドアを閉めた途端、ジミーちゃんはもう**ぐっすり**と眠っていた。

have a (good) sound sleepは「**健康的に深く眠る**」という意味です。ここでのsoundには「音」という意味はなく、「健康」を意味するgesundというドイツ語に由来しています。**sleep soundly**と言い換えても同じです。

I **had a good sound sleep** last night.
昨夜は**ぐっすり**と眠れた。

すやすや

peacefulは「平和的」だけではなく、「心配事がない」や「静かな」という意味もあります。**sleep peacefully**で「**すやすや眠る**」様子を表します。

I found my wife **sleeping peacefully** on the sofa.
妻がソファの上で**すやすや**と眠っていた。

sleep like a babyは「**赤ちゃんのようにすやすや眠る**」という意味になります。

Look! He's **sleeping like a baby**.
見て！　彼は**すやすや**眠っているね。

うとうと

dozeは**短い時間でうとうとと眠る**ときに使います。また、**doze off**は「**うとうと居眠りをする**」という意味になります。

I **dozed off** by the fire.
私は炉火のそばで**うとうと**居眠りをしていた。

うつらうつら

fitは「発作」という意味ですが、**fitful**は「断続的な」という形容詞で、起きたり、寝付いたり、**断続的に眠る**ときに使います。

I **had a fitful** night's **sleep**.
私は一晩中**うつらうつら**していた。

nodは「うなずく」という意味で、**nod off**は**こっくりとうたた寝**している様子を表します。睡魔に襲われて、頭が重くなって寝てしまうイメージです。

I **nodded off** at the meeting.
私はミーティングで**うつらうつら**していた。

ごろごろ

toss and turnというフレーズは「**寝返りを打つ**」という意味になります。tossは「激しく揺れる」、turnは「向きを変える」という意味ですが、toss and turnで決まり文句として使います。

My daughter was **tossing and turning** all night long.
一晩中、娘は**ごろごろ**と寝返りを打っていた。

ぐーぐー

snoreはオノマトペの単語で、最初のsnは**息を吐く音**を表します。鼻を鳴らすときにsnortと言い、同じsnの音を使いますね。

I can't sleep! My brother is **snoring**.
眠れないよ！　兄さんが**ぐーぐー**いびきをかいているんだ。

ちょっと

Part 5-3 (P. 131) 参照

英語のコミックでは、zの文字が寝ていることを表し、人の頭からzzzzという字が出ているのをよく見かけます。**catch some z's**や**grab some z's**は「**ちょっと眠る**」という意味のフレーズで、このようなコミックでのオノマトペに由来します。

I'm just going to **grab some z's**.
ちょっと昼寝をするね。

昔は、英語でwinkは睡眠の長さを表しました。40 winksは最適な仮眠の時間を表し、**catch 40 winks**で「**一眠りする**」という意味になります。この仮眠を取った後、リフレッシュして元気になるというイメージです。

I need to **catch** my **40 winks.**
ちょっと昼寝をしなきゃ。

「眠る」ときのオノマトペ 英語で言うなら……

ぐっすり —— **sleep deeply**（ぐっすり眠る）
have a deep sleep（熟睡する）
sleep like a log[rock]（ぐっすり眠る）
be out for the count（すぐ眠りにつく）
have a (good) sound sleep（健康的に深く眠る）
sleep soundly（健康的に深く眠る）

すやすや —— **sleep peacefully**（すやすや眠る）
sleep like a baby（すやすや眠る）

うとうと —— **doze (off)**（うとうと居眠りをする）

うつらうつら — **have a fitful sleep**（断続的に眠る）
nod off（うたた寝する）

ごろごろ —— **toss and turn**（ごろごろ寝返りを打つ）

ぐーぐー —— **snore**（いびきをかく）

ちょっと —— **catch[get] some z's**（ちょっと寝る、昼寝をする）
catch 40 winks（一眠りする、仮眠を取る）

Column 2 ネイティブが日常会話でよく使うオノマトペ——aha, aargh, bam, wham, boom, etc.

■ aha

ahaはひらめいたときのオノマトペです。**新しいアイデアを思い付いた瞬間**を表す音です。英語圏の人は良いアイデアがあるときに、ahaをよく口にします。何かを悟ったり理解したりしたときに使う、日本語の「はっとする」というオノマトペに似ているでしょう。

Aha! I just had a brilliant idea.
はっとひらめいた！　今めちゃ良いアイデアを思い付いたよ。

そのahaと言いたくなるときの瞬間は**aha moment**です。通常、aha momentは、くだらない思い付きといったレベルではなく、**考え方をがらっと変えてしまうような重要なアイデア**に対して使います。僕はよくシャワーを浴びているときにaha momentがあります。aha momentは、何かがひらめいたときの日本語「そうか！」「なるほど！」に似ているでしょう。

Yesterday, I had an **aha moment** in the shower.
昨日、シャワーを浴びているときに、**そうか**！　とひらめいたんだ。

英語圏のアニメーションでは、キャラクターがとても良いアイデアを思い付いたとき、頭の上に電球が現れます。まさにそれはaha momentのイメージです。

重要な経験をして何かを悟ったようなときには、**aha experience**と言えます。

I had a really important **aha experience** this morning.
今朝、本当に**ぴんと**ひらめく体験をした。

■ aargh

腹の立つことがあるときに、自分の**嫌な気持ちを伝える**ために、**aargh**と言うネイティブがよくいます。通常、文の最後にaarghを付けます。

I can't believe how the current government is dealing with the corona crisis — **aargh**!
今の政権のコロナ禍での対応はありえないね—**あーっ**!

■ bam、wham

bamと**wham**は打つときの音を表しますが、日常会話では、suddenly（**突然**）の代わりにbamをよく使います。out of the blueという英語のフレーズのニュアンスに似ていて、suddenlyより劇的な印象を与えます。

I was doing fine, and then, **bam**, I lost my job.
僕はうまくやってたんだ、そうしたら急に**ばたっ**と仕事がなくなったんだ。

whamはbamのニュアンスに似ていますが、**面白い出来事やびっくりさせることを語る**ときにも使います。

I talked to him for five minutes and then, **wham**! — that was it — I was in love.
5分間彼と話をしたら、**わお**！—それだけ—恋に落ちたの。

■ whoa

whoaは、元々ウマを止めるために使う語でしたが、今は日常会話でよく使います。ウマの場合は、次のフレーズを使います。

Whoa there, horsey.
どうどう、止まってよ、おウマちゃん。

人間に対しては、**もっとゆっくり話してほしいとき**によく使います。

Whoa there. You're talking way too fast.
おいおい。早口過ぎるよ。

このwhoaの使い方はそれほど丁寧ではないので、仲の良い人に対してだけ使った方が良いです。

whoaは**びっくりしたとき**にもよく言います。例えば、友達のでかい車を初めて見たようなとき、次のように言うでしょう。

Whoa, your car is huge!
やばい、君の車、でかい！

■ boom

boomは爆発の音を表すオノマトペですが、日常会話では、**自分がかっこいいことをしたときにI'm, like, boom,** の形でそれを強調します。つまり、boomは人の自慢話でよく耳にします。例えば、友達の探し物を見事探し当てたときには、次のように言えます。

And I'm, like, boom, "Are you looking for this?"
ほら、**どうだい**！ これを探していたでしょう？

困っている上司に、自分が素晴らしいプロジェクトの提案をしたんだ、と自慢げに友達に伝えるときには、このように言います。

And I'm, like, boom, "I think you need to read this!"
ほら、**どんなもんだい**！ これ（プロジェクトの提案）を読んでごらんよ！

■ snap

通常、**snap**は「**ポキン**」とか「**パチン**」という音を表すオノマトペですが、Snapというトランプのゲームでは、同じカードが出たときにSnap!と叫びます。日常会話でも、このsnapを「同じだ！」という意味で使います。特に、相手が**自分と似た服を着ていたり、似た物を持っていたりする場合**にSnap!と言います。

Snap! We both have the same Louis Vuitton handbag!
おそろ！ 私たち同じルイ・ヴィトンのハンドバッグを持ってるね。

■ ba dum ching、ba dum tss

コメディ番組などでホストやコメディアンが下手な冗談を言った後、ドラム奏者はよく**ba dum ching**や**ba dum tss**というドラムのビートをたたきます。baは普通のドラムの音、dumは低い音のドラム、chingやtssはシンバルの音を表します。日常会話でも、相手が**寒いジョーク、下手な冗談、オヤジギャグなどを言った後**に、ba dum chingというふうに答えるネイティブがいます。

Frank: I asked my French friend if she likes to play video games. She said, "Wii."*
フランク：フランス人の友達にビデオゲームをするのが好きか聞いたんだ。彼女の答えは「Wii」だってさ。

Martha: **Ba dum ching!**
マーサ：**うわっ、さむっ！**

* Wii（ウィー）はゲームの名前。フランス語のOui（ウィ。Yesの意味）と音をかけています。

■ ta da

手品師が手品をするときには、英語で**ta da**というフレーズを言いながら披露し、聴衆が拍手をします。例えば、手品師の持つ帽子からウサギがぱっと現れるとき、手品師はta daと言います。このta daは、普段の会話でもよく使われています。例えば、友達のために手作りしたケーキをテーブルに載せながらta daと言うと、「見て、すごいでしょう！」というメッセージが伝わりますし、また、思いがけないプレゼントをするようなときにも、ta daと言えます。

Jennifer: **Ta da**!
ジェニファー：**ジャジャーン！**

Samantha: You remembered my birthday? Thank you so much!
サマンサ：誕生日を覚えててくれたの？　本当にありがとう！

Column 3 日本語のオノマトペを英語の頭韻法で表す方法

頭韻法とは

英語は日本語ほどオノマトペが多くはないので、英語で日本語のオノマトペのニュアンスを表すのはなかなか難しいでしょう。しかし、英語には**alliteration**（**頭韻法**。語頭で韻を踏む〔押韻する〕）を使ったフレーズがたくさんあるので、これらのフレーズで日本語のいろいろなオノマトペを上手に表現できると思います。

頭韻法を使ったフレーズでは一つの音を繰り返します。例えば、次の早口言葉は**pの音を繰り返す**頭韻法です。

Peter Piper picked a peck of pickled peppers.

頭韻法の文は**同じ音の繰り返しがリズムを生む**ので、普通の文より覚えやすいと思います。上の早口言葉は、中学校で勉強したのをまだずっと覚えていた、という人も多いでしょう。

キャラクターや商品の名前に

mの音を繰り返すMickey Mouse、dの音を繰り返すDonald Duck、kの音を繰り返すClark Kentなども、頭韻法を使った、覚えやすいキャラクターの名前です。これらの頭韻法は全部consonant（子音）を繰り返すので、**consonance**（**子音韻**）と呼ばれています。

ブランドは頭韻法を使って、消費者にいろいろな印象を与えます。例えば、Rolls-Royceの**rの音の繰り返しは「贅沢さ」**を伝えます。Coca-Colaの**kの音の繰り返しは「さわやかな味」**を伝えます。Krispy Kreme、Kit Kat、Minute Maidも頭韻法があるので、覚えやすいブランド名になります。

日本語のオノマトペにも

頭韻法は日本語のオノマトペにもよく生かされているでしょう。例えば、「**ほやほや**」の音で人の未熟な様子を表すことができます。「ほやほや」を英語で表現するのは難しいですが、as **g**reen as **g**rass という頭韻を使ったフレーズは**gを2回繰り返す**ので、「ほやほや」と同じように**音で未熟さを伝える**と思います。as green as grassは直訳すると「草と同じくらい緑」という意味ですが、未熟な人に対して言う言葉です。

> That guy is **as green as grass**. Better not give him a difficult project.
> あいつは入社**ほやほや**だ。難しい企画は任せない方がいい。

「**とんとん**」という音の繰り返しで、2つの物が同じ様子であることを強調できるでしょう。英語では、neckを繰り返す**neck and neck**というフレーズで似たような感覚を伝えることができます。neck and neckは、**競技で互角のときや接戦のとき**に使います。

> The two teams are **neck and neck** at the moment.
> その2チームの勝負は今**とんとん**だよ。

秘密を漏らしてしまったとき、日本語は「**うっかり**」の「か」の音でその間違いを強調できるでしょう。英語では、**let the cat out of the bag**（文字通りの意味は「ネコをバッグから取り出す」）で、「うっかり」のニュアンスを伝えられるでしょう。let the cat out of the bagは、母音のaの音を繰り返す**assonance**（母音韻。母音のみ押韻する）を生かした表現で、ついうっかり秘密を漏らしてしまった、というニュアンスを強調できます。

> I **let the cat out of the bag**.
> 秘密を**うっかり**言っちゃった。

Part
2

心の動きを表現するオノマトペ

1 笑う

日本語の「笑う」は、声を出すときにも出さないときにも使いますが、英語では、laughは声を出すときだけに使い、smileは笑顔だけのときに使います。「声を出す笑い」と「声を出さない笑い」を全く違う動作として意識しているのです。一方で、日本語と同じように、子供や女性に特徴的な笑い方など、英語での笑い方のオノマトペは、年齢や性別によってよく使い分けられています。

げらげら

大きい声で笑い出すときや**ばか笑いする**ときには、**guffaw**という英語が使えます。guffawは元々スコットランド英語のオノマトペですが、現在はどこの英語圏の国でも一般的に使われています。guffawは通常、名詞として使われます。

He **let out a** big **guffaw**.
彼は大声で**げらげら**と笑った。

くすくす

Column 1 (P. 033) 参照

titterは**高い声の笑い方**を表す英語のオノマトペです。特に子供に対して使います。

The children **tittered** at the teacher's joke.
子供たちは先生の冗談に**くすくす**と笑った。

giggleも子供に対してよく使います。giggleのイメージは、**少し恥ずかしそうに笑う**感じです。また、have the gigglesというフレーズは、笑うのをやめたくてもやめられないときに使います。

Those kids won't stop **giggling**.
その子供たちは**くすくす**笑いが止まらなくなっている。

ひそひそ

Part 1-5 (P. 038) 参照

snickerは、ばかなことをした相手に対して、**あざけるように忍び笑いをする**ときに使います。主に女性の笑い方を指します。イギリスでは、snickerより**snigger**の方を使います。snickerもsniggerも英語のオノマトペです。

Those girls are **sniggering** in the back of the classroom.
教室の後ろで女の子たちが**ひそひそ**笑っている。

にこにこ

beamは「光の筋」という意味なので、イメージは**光のように微笑む**感じです。

The shop assistant **beamed** at the customers.
店員さんはお客に向かって**にこにこ**笑っていた。

にっこり

grinは、チェシャネコのように**歯を出してにっこり笑う**イメージです。

My younger brother **grinned** when he heard the good news.
弟は良い知らせを聞くと、**にっこり**と笑った。

けたけた

cackleのイメージは、魔女のような**甲高い笑い方**で、あまり良いイメージではありません。たまにガチョウの鳴き声に対しても使います。

Her cunning plan was a great success, and she **cackled** with delight.
彼女は自分の企みが大成功すると、喜んで**けたけた**と笑った。

くっくっ

chuckleは**静かな笑い方**で、ニワトリの「くっくっ」という鳴き声を表すオノマトペのcluckに由来します。日本語の「くっくっ」もニワトリに対して使うので、これは面白い偶然でしょう！ chuckleは一人で笑うときにもよく言います。

The old man **chuckled** to himself.
おじいさんは一人で**くっくっ**と笑った。

「笑う」ときのオノマトペ
英語で言うなら……

げらげら —— **let out a guffaw**（ばか笑いをする）

くすくす —— **titter**（〔高い声で〕くすくす笑う）
giggle（〔恥ずかしそうに〕笑う）

ひそひそ —— **snicker[snigger]**（忍び笑いをする）

にこにこ —— **beam**（にこにこ笑う）

にっこり —— **grin**（〔歯を見せて〕にっこり笑う）

けたけた —— **cackle**（〔甲高い声で〕笑う）

くっくっ —— **chuckle**（くっくっと笑う）

2 怒る

怒りはネガティブな感情ですが、怒り方を表す英語には意外と滑稽なイメージを与える表現が多くあります。例えば、hopping madは、怒りのあまりぴょんぴょんと跳び上がるイメージを伝えます。fly off the handleは、怒りでかっとなる様子を、斧を振り上げたときに斧の頭が柄（handle）から飛び出す（fly off）ことに例えた、面白い比喩表現です。

かんかん

かんかんに怒っている様子を表すイディオムに、**blow one's top**があります。文字通り「自分の頂上から吹き出す」ので、噴火した火山のように**怒りが瞬間的に湧いてきて、激怒する**イメージです。アメリカ英語では、**blow one's stack**や**blow one's lid**ともよく言います。

When I heard that he had lost my phone, I **blew my top**.
彼が僕の携帯をなくしたと聞いて、**かんかん**に怒った。

furiousは「**とても怒っている**」という意味です。**be absolutely furious**の形で副詞のabsolutelyと一緒によく使います。

He's **absolutely furious**!
彼は**かんかん**に怒っているよ！

ちなみに、*Fast and Furious*（『ワイルド・スピード』）というカーアクション映画の題名にもfuriousが出てきます。fast and furiousは「熱狂的」を意味する決まり文句です。

ぷんぷん

とても怒っているときに使う、**be hopping mad**という表現があります。**hop**は「**ぴょんぴょんと跳ぶ**」という意味で、madは元々「気が狂う」ですが、この場合の意味は「頭にくる」。なので、hopping madは**ぴょんぴょんと跳び上がるぐらい激怒する**イメージです。意外とかわいいイメージを与えるでしょう。

My mom **was hopping mad** after I stained her shirt.
僕が母のシャツを汚した後、母は**ぷんぷん**怒っていた。

いらいら

「人をいらいらさせる」という意味の動詞**irritate**は、**心が落ち着かなくていらいら**するときに使います。irritateと「いらいらする」は、音が似ているので覚えやすいでしょう。

My next-door neighbor is very noisy. It's so **irritating**.
隣の人はすごくうるさい。本当に**いらいら**する。

get on one's nervesも、いらいらするときに使う表現です。nerveは「神経」という意味で、get on one's nervesで「**神経に障る**」という意味になります。

You are really **getting on my nerves**.
あなたは本当に私を**いらいら**させる。

かっと

冒頭（P. 072）で**fly off the handle**という表現を紹介しましたが、**lose one's temper**という定番フレーズもあります。keep one's temperなら「怒らないで我慢する」の意味ですが、lose one's temperは「**我慢できずにかっとなる**」という意味になります。イギリス人は**fly into a temper**ともよく言います。

He **lost his temper** when he heard that his son had been expelled.
息子が退学させられたと聞き、彼は**かっと**なった。

one's temper gets the better of oneは「**自分の怒りに負ける**」という意味になります。

My temper often **gets the better of me**.
私はよく我慢できずに、**かっと**なる。

ちなみに、かっとなって怒った人に対して、「落ち着いて」と声をかけたいときには、Temper, temper!（落ち着いて、落ち着いて！）と言えます。

ぶちっと（切れる）

自制心を失って急に怒り出すときには、**snap**と言います。通常snapは、「**ぽきん**」と折れた様子を表すオノマトペなので、「自制心が折れた」というイメージになります。

After all these years, she finally **snapped**.
何年も我慢してきたが、彼女はついに**ぶちっと**切れた。

むっと

huffは**一時的な怒り**を表します。通常、動詞と**in a huff**を一緒に使います。

She walked off **in a huff**.
彼女は**むっと**して歩き去った。

Why are you **in a huff**?
何で**むっと**なっているの？

黙って不機嫌そうな人に対しては**sullen**と言えます。

She sat at the table with a **sullen** expression. Something was bothering her.
彼女はテーブルに座って、**むっと**していた。何か困っていることがあったんだ。

ところで、空模様も不機嫌になることがあるでしょう。どんよりしたお天気のことを英語ではa sullen skyと言います。

「怒る」ときのオノマトペ
英語で言うなら……

かんかん —— **blow one's top[stack, lid]**（かんかんに怒る）
be absolutely furious（激怒した）

ぷんぷん —— **be hopping mad**（非常に頭にきている）

いらいら —— **irritate**（人をいらいらさせる）
get on one's nerves（神経に障る）

かっと —— **fly off the handle**（かっとなる）
lose one's temper（かっとなる）
fly into a temper（かっとなる）
one's temper gets the better of one（怒りに負ける）

ぶちっと（切れる） —— **snap**（自制心を失って怒り出す）

むっと —— **in a huff**（むっとして）
sullen（不機嫌な）

3 泣く・悲しむ

泣くときには、英語で通常cryやfeel sadと言いますが、鮮明なイメージを与える動詞もたくさんあります。日本語の「わんわん」と同じように、激しく泣くときには、wで始まる動詞をよく使います。これは赤ちゃんがwaa（うわーん）と泣くことに関係しているでしょう。

わんわん

blubberは「泡」や「泡立つ波」などを語源とする語ですが、今では動詞として「**わんわん泣く**」という意味で使われます。blubberにはあまりポジティブな意味がありません。

Stop **blubbering**!
わんわん泣かないで！

絶望的になって泣き叫ぶようなときには**wail**が使えます。この単語は物語や小説など文学表現でよく見かけますが、日常会話ではあまり耳にしません。

The princesses started **wailing** when they heard the news about the death of the queen.
女王様逝去のニュースを聞くと、お姫様たちは**わんわん**と声を上げて泣き始めた。

しくしく

weepは、**声を出さずに泣く**ときに使います。weepの過去形は

weptです。

They **wept** when they heard the terrible news.
彼らはそのひどいニュースを聞くと、**しくしく**泣いた。

静かに泣いていることを強調したい場合、**weep silently**と言えます。

She **wept silently** in her room.
彼女は部屋で**しくしく**泣いた。

ちなみに、weep with joyは嬉し泣きをするときに使います。

しょんぼり

dejectedは、がっかりした後、**悲しくて静かになっている**人に対してよく使います。

I sat on my own, feeling very **dejected**.
僕は**しょんぼり**した気持ちで一人座っていた。

crestfallenも意味が似ていて、**落胆した後、悲しくなる**ときに使います。crestは鶏冠や首筋を指すので、crestがfallen（落ちた）悲しい動物というイメージです。

What's wrong with John? He looks so **crestfallen**.
ジョンはどうしたの？　すごく**しょんぼり**しているみたい。

がっかり

何かが**思い通りにいかない**ときには、**be disappointed**をよく使います。

I really thought I was going to get into Harvard. I'**m** so **disappointed.**
ハーバード大学に入れると本当に思っていたんだ。すごく**がっかり**している。

人を「**がっかりさせる**」場合は、**disappoint**の形で人を目的語にします。

Sorry to **disappoint** you.
がっかりさせてすみません。

名詞の**disappointment**もよく使います。

It was such a **disappointment**!
本当に**がっかり**だった！

がっかりして、自信ややる気がなくなるときには、**be [feel] disheartened**が良いです。disheartenの反対語はheartenで、両方の言葉にはheart（心）が入っています。よくないニュースを聞いたときには、disheartenをよく使います。

I **was disheartened** to hear the news about the president.
大統領のニュースを聞いて**がっかり**した。

I **felt** really **disheartened** when my teacher gave me an F.
先生からF（落第）の成績をもらったときは、本当に**がっかり**した。

feel let down は、**誰かに期待を裏切られた**ようなときに使います。

I **feel** so **let down** by you.
あなたには本当に**がっかり**したよ。

うるうる

tear-jerker は、**感動して涙を流させる**映画や本などを指します。jerk という動詞は「急に動かす」という意味で、涙をぐいと引き出すようなイメージがあります。

That movie was a real **tear-jerker**.
あの映画には本当に**うるうる**きた。

「泣く・悲しむ」ときのオノマトペ 英語で言うなら……

わんわん —— **blubber**（わんわん泣く）
wail（泣き叫ぶ）

しくしく —— **weep (silently)**（声を出さずに泣く）

しょんぼり—— **dejected**（落胆した、しゅんとなった）
crestfallen（意気消沈した）

がっかり —— **be disappointed**（失望する）
disappoint（失望させる）
disappointment（失望）
be[feel] disheartened（落胆する）
feel let down（失望する）

うるうる —— **tear-jerker**（涙させるもの）

4 興奮する

興奮した気持ちを表す英語はかわいい印象を与えるフレーズが多いと思います。例えば、bright-eyed and bushy-tailedは、リスの例えで興奮感をいきいきと表します。ウマに豆のエサをあげると、とても元気になることに由来するfull of beansという表現もよく耳にします。「9番目の雲」という面白い意味があるcloud nineは、天にも昇るような気持ちを表すのに使われます。

わくわく

英語では、look forward toは楽しみにしているときに使いますが、**興奮している**気持ちを強調したい場合は、**be excited about**というフレーズが良いです。

I'm so **excited about** the party on Friday.
金曜日のパーティーはめちゃ**わくわく**している！

楽しみにしていることがあるとき、はやる気持ちを抑えるのは難しいので、**I can't wait（待ちきれない）**もよく使われています。

I **can't wait** for the long weekend!
3連休に**わくわく**している！

bright-eyed and bushy-tailedという表現も使えます。bright-eyedは「きらきら輝かせた目」、bushy-tailedは「ふさふさのしっぽ」という意味ですが、リスのように**やる気満々**のイメージを伝えます。

I arrived at my new job **bright-eyed and bushy-tailed**.
私は**わくわく**して、新しい職場に着いた。

るんるん

be on cloud nineというフレーズは、文字通りには「9番目の雲の上に乗っている」で、「**有頂天**」という日本語に近いでしょう。

You look like you **are on cloud nine** today!
今日は**るんるん**しているね！

なぜ9番目の雲なのかは不明ですが、一説によると、気象学では雲は10個に分類され、飛行士が積乱雲の9番目の雲の上を飛んだことに由来するそうです。

いきいき

「いきいき」は「生きる」という漢字を使うので、英語の**lively**がちょうど良いと思います。

Francesca is a **lively** employee who makes an important contribution to the company.
フランチェスカは**いきいき**とした社員で、会社に重要な貢献をしてくれている。

「いきいき」をさらにいきいきとした英語で伝えたい場合には、**bubbly**という語が良いでしょう。bubblyは「**泡のようにはつらつとして元気がある**」という意味になります。

Susan has such a **bubbly** personality. She's a joy to be around.
スーザンは本当に**いきいき**した性格だ。一緒にいると楽しい。

描写が鮮明であること言う場合には、英語で**vivid**というフレーズをよく使います。

The novel is filled with such **vivid** descriptions.
その小説は**いきいき**とした描写に溢れている。

うきうき

「うきうき」という語感には**be full of beans**という表現が良いでしょう。full of beansは直訳すると「豆でいっぱい」ですが、これで「**とても元気**」や「**興奮している**」という意味になります。

My kids **are full of beans** today. They can't stop running around.
今日は、うちの子供たちは**うきうき**している。ずっと走り回っている。

peppyは言い換えるとfull of pepで、pepはコショウを意味するpepperの略です。文字通りには、peppyは「コショウでいっぱい」ということですが、「**元気でうきうきしている**」の意味で使います。

The **peppy** young children played on the jungle gym all day.
うきうきした子供たちは一日中ジャングル・ジムで遊んでいた。

ボイラーを点火するときには、fire up the boilerと言うので、**get fired up**はまるでボイラーのように自分の**気持ちが燃えて、うきうき**しているというイメージです。

When I drink alcohol, I **get** really **fired up**.
僕はお酒を飲むといつも**うきうき**する。

ぞくぞく

Part 2-6（P. 097）参照
Part 5-1（P. 191）参照

急に興奮を感じるときには動詞と名詞のthrillが使えます。動詞として人を主語にして使う場合には**be thrilled**の形にします。

I **was** really **thrilled** to hear about the job offer.
仕事のオファーを聞いて、とても**ぞくぞく**した。

名詞のthrillとexcitementを組み合わせて、**a thrill of excitement**とも言えます。英語圏では興奮や怖さをspine（背骨）で感じると思われているので、**run down one's spine**というフレーズをよく耳にします。日本語の「**ぞくぞくして身震いする**」「**背筋がぞくぞくする**」に似ています。

A thrill of excitement ran down her spine.
彼女は興奮して**ぞくぞく**した。

「興奮する」ときのオノマトペ
英語で言うなら……

わくわく —— **be excited about ~**（～に興奮する）
bright-eyed and bushy-tailed（やる気満々の）
I can't wait.（待ちきれない）

るんるん —— **be on cloud nine**（有頂天で）

いきいき —— **lively**（いきいきした）
bubbly（はつらつとした）
vivid（鮮明でいきいきした）

うきうき —— **be full of beans**（元気いっぱいで、興奮して）
peppy（元気でうきうきした）
get fired up（気持ちが燃え立たされる）

ぞくぞく —— **be thrilled**（興奮する）
A thrill of excitement runs down one's spine.（興奮して背筋がぞくぞくする）

5 安心する・感動する

日本語では「ほっと」「ふうっ」など、安心感を表すいろいろなオノマトペがありますが、英語の場合には体の感覚を比喩としてよく使います。例えば、心にのしかかっていた重荷が取れて「さっぱり」したり「すっきり」したりするとき、ネイティブは肩や胸などの体の重みがなくなる、という比喩を使います。

ほっと

ほっとしたときには、**be relieved**がよく使われています。心配している人が無事だと分かったときにも、ネイティブはよくrelieveを使います。

I'm so **relieved** that you are OK!
あなたが無事ですごく**ほっと**した！

一言、「ほっとした！」と言いたいときには、**What a relief!**や**That's a relief!**というフレーズが良いです。

ふうっ

phewという英語の擬音語も、ほっとしたときに使います。安心したときに、ため息を吐くでしょう。phewは、この**安堵のため息の音**を表します。

Phew. I'm so relieved!
ふうっ。本当にほっとした！

さっぱり

Part 1-6 (P. 047) 参照
Part 3-3 (P. 126) 参照

悩んでいたことがなくなり、気持ちがさっぱりするときには、英語で、**a weight off one's shoulders**とよく言います。肩に乗っていた重い物がなくなる感覚に例えています。日本語の「**肩の荷が下りる**」と同じ発想なのでイメージしやすいでしょう。

Wow. That's **a weight off my shoulders!**
ああ。これで**さっぱり**した！

すっきり

心に引っ掛かっていたことがなくなって、すっきりとしたときには、**get ~ off one's chest**というフレーズが使えます。**胸から重い物が取り除かれるイメージ**があり、ずっと言わずにいた悩み事をやっと打ち明けたようなとき、このフレーズがぴったりきます。

I'm so glad that I **got it off my chest!**
心が**すっきり**してすごく嬉しい！

You should **get it off your chest.**
全部打ち明けて、**すっきり**した方がいいよ。

ほっこり

緊張がほぐれてくつろぐときには、**unwind**が使えます。windは糸などを巻くときに使う動詞で、unwindは「巻いた物を解く」ので、緊張感やストレスから解き放たれるイメージになります。

On the weekend, I like to have “nabe” with my family and **unwind.**
週末は、家族とお鍋を囲んで**ほっこり**するのが好き。

heart cockleは「心室」という意味で、**warm one's heart cockles**は文字通りには「心室を温める」ですが、「**心がほのぼのと癒やされる**」という意味で使われるフレーズです。

When I heard the story about the puppy dog, it **warmed my heart cockles.**
その子犬についての話を聞いて、心が**ほっこり**とした。

うっとり

英語では、魔法に関する単語をよく使います。例えば、とても美しい音楽を聴いて心を奪われたときには、**be charmed[enchanted/bewitched/entranced]**のように言い、「**魔法にかけられたように魅了された**」という意味になります。そのようにうっとりさせる物について言うときは、**charming**、**enchanting**、**betwitching**、**entrancing**を使います。

I **was entranced** by the beautiful music.
美しい音楽に**うっとり**した。

The autumn leaves in Nikko are so **enchanting.**
日光の紅葉には本当に**うっとり**する。

じーんと

感動して心が温かくなったときには、英語で**heartwarming**と言えます。文字通り「心を温める」になります。

What a **heartwarming** movie! I loved it.
何て**じーんと**来る映画なんだ！　気に入ったよ。

心に響くことについては、**touching**という英語が良いです。touchは「触る」という意味なので、何かが自分の**心に触れる**イメージです。

That was such a **touching** gift. He is so thoughtful.
そのプレゼントにすごく**じーんと**きた。彼はとても思いやりがあるね。

きゅんと

心臓が一瞬止まりそうなぐらいときめいたときには、**one's heart skipped a beat**と言えます。beatはこの場合「心臓の鼓動」という意味で、skip a beatで心拍数が一拍分飛ぶということ。つまり、**ときめきで胸が一瞬きゅんとなる**様子を表す表現です。

When I saw him at the door, **my heart skipped a beat.**
彼がドアのところにいるのを見たら、胸が**きゅんと**なった。

ぐっと

hit homeのhomeは、家というよりも自分の心や魂というイメージで、何かが**胸にぐっとくる**ときに使えます。**strike home**とも言えます。どちらの動詞とも「打つ」という意味なので、心に強く感じるときに使います。

That speech you gave really **hit home**!
あなたのあのスピーチは本当に胸に**ぐっと**きた！

「安心する・感動する」ときのオノマトペ 英語で言うなら……

ほっと —— **be relieved**（ほっとする）
What a relief!（ほっとした！）
That's a relief!（ほっとした！）

ふうっ —— **phew**（ふうっ） ＊安堵のため息

さっぱり —— **a weight off one's shoulders**
（肩の荷が下りること、気が楽になること）

すっきり —— **get ~ off one's chest**（胸のつかえが下りる）

ほっこり —— **unwind**（緊張がほぐれる）
warm one's heart cockles
（心がほのぼのと癒やされる）

うっとり —— **be charmed[enchanted/bewitched/entranced]**（心を奪われる）
charming [enchanting/betwitching/entrancing]（魅了する）

じーんと —— **heartwarming**（心が温かくなる）
touching（心に響く）

きゅんと —— **one's heart skipped a beat**
（ときめいて胸がきゅんとなる）

ぐっと —— **hit[strike] home**（胸を打つ）

6 緊張する・おびえる

英語では、緊張したり、おびえたりする気持ちを表すのに、体の部分に焦点を当てた表現がよく使われます。例えば、恐怖がspine（背筋）を走る、という比喩で表したり、おどおどする人をheart（心）がfaint（弱い）と表現したり、ぎょっと驚くときにはskin（肌）を使ったフレーズを使ったりします。

そわそわ

restlessは、文字通りrest（休憩）がless（ない）という意味ですが、**緊張して落ち着かない**ときや、うんざりしたときに使います。

My brother seems very **restless**. I think it's because he's starting university tomorrow.
兄さんがすごく**そわそわ**している。明日から大学が始まるせいだな。

未来のことについて緊張して落ち着かないときには、**be on tenterhooks**と言えます。tenterhookは、羊毛が縮まないように乾かすためのフックでした。このフックで、羊毛をぴんと張って伸ばしたことから、緊張感を表す比喩として使われるようになりました。

My exam results are coming in the mail today. I**'ve been on tenterhooks** the whole morning.
今日、試験の結果が郵便で届く。午前中はずっと**そわそわ**している。

どきどき

緊張してどきどきする気持ちを簡単な英語で表したい場合は、**nervous**と言えます。

I always get **nervous** before job interviews.
面接の前はいつも**どきどき**します。

緊張して、心臓の鼓動を感じるようなときには、**one's heart is pounding**と言えます。**pound**は通常、**どんどんと強くたたくこ**とを意味し、例えば、I pounded the table.で「テーブルをどんどんとたたいた」。同様に、a pounding heartは「大きな音を立てている心臓」、つまり心臓がどきどきいっている様子を表します。

My heart was pounding when I gave the speech.
スピーチをしたとき、私は**どきどき**していた。

one's heart was in one's mouthも、非常にどきどきしていたときに使えるフレーズです。**心臓が今にも口から飛び出しそう**、という感覚を表します。

His heart was in his mouth when he saw the letter placed on the table.
彼は、テーブルの上に置かれた手紙を見て**どきどき**した。

はらはら、ひやひや

anxiousは、これからのことについて**不安になったり心配したり**するときに使います。相手が危なそうなことをしているときには、副詞の**anxiously**とwatchを組み合わせた言い方がぴったりです。

I **anxiously** watched the children snowboard down a steep hill.
子供たちが険しい丘をスノーボードで降りるのを**はらはら**して見ていた。

びくびく

jumpは「飛び跳ねる」という意味になりますが、**get jumpy**には、ちょっとしたことにびくっとなって飛びあがる、というイメージがあります。**不安になってすぐに怖がる**ようなときに使います。

When I walk around the house at night, I **get** really **jumpy**.
家の中を夜歩きまわるとき、すごく**びくびく**する。

ネコはすぐに驚いて逃げるので、**ネコのように神経質な人**のことを英語で**scaredy-cat**と言います。scaredの意味は「怖がっている」で、文字通りには「怖がっているネコ」という意味になります。子供はこのフレーズをよく使います。

Don't be such a **scaredy-cat**.
そんなに**びくびく**しないで。

おどおど

すぐに怖がる人や動物のことは英語で**timid**と言います。怖がりの子供やペットに対してよく使います。

I have a very **timid** dog. He runs away whenever someone rings the doorbell.

うちのイヌはすごく**おどおど**している。ドアのベルが鳴るといつも走って逃げる。

heartは「心」という意味で、人の性格を表現するときには、-heartedという表現をよく使います。kind-heartedは親切な人に、strong-heartedは勇気がある人に対して使います。**臆病な人**のことは、**faint-hearted**と言います。faintは「弱い、もろい」という意味です。

This obstacle course race is not for the **faint-hearted**.
この障害物競走は気弱で**おどおど**する人には向かない。

どきっ、ぎょっ

何か**突然のことに驚いた**ときには、**startle**が使えます。「～を驚かせる」という意味なので人が目的語になります。また、通常startは「始まり」という意味ですが、**with a start**で**驚いて体がぱっと動く**様子も表します。

You **startled** me! Please don't make loud noises like that.
どきっとした！　そんな大きな音を立てないで。

I awoke **with a start**.
ぎょっとして飛び起きた。

自分の肌から何かが飛び出しそうなほど驚いた、というときには、**jump out of one's skin**と言うことができます。

Please don't frighten me like that. I almost **jumped out of my skin**.

そんなに驚かさないで。**どきっ**としたよ。

ぴりぴり

緊張してリラックスできなくなっている人については、よく**tense**と言います。a tense atmosphere（ぴりぴり張り詰めた空気）もよく耳にします。

You seem very **tense** recently. Is there anything wrong?
最近すごく**ぴりぴり**しているみたいだね。何かあった？

神経質になっていて、すぐにいらいらする様子を**be on edge**と表現します。edgeは「端」という意味で、on edgeの「端の側にいる」から、端から落ちそうな緊張した状態をイメージできます。

We're all **on edge** at the moment. So please don't make too many demands.
今は皆が**ぴりぴり**しています。だからあまり要求し過ぎないでください。

ぞくぞく、ぞっと

Part 2-4 (P. 085) 参照
Column 7 (P. 139) 参照
Part 5-1 (P. 191) 参照

恐怖を感じて**背筋が凍るようなぞくぞく**した思いをするときには、**a chill runs down one's spine**と言います。

I was so scared. **A chill ran down my spine**.
本当に怖かった。**ぞくぞく**したよ。

chillと同じように、**怖くて背筋がぞくぞくする**ときには、**get shivers down one's spine**とも言えます。shiverは「震え、寒気」という意味の名詞です。

I **got shivers down my spine** when I entered the old mansion.
その古い屋敷に入ったとき、背筋が**ぞっと**した。

bloodcurdlingも、とても怖いときに使います。curdleは牛乳が凝乳になるときに使う語で、blood-curdlingは日本語の「**血も凍るような**」に近いイメージです。

I heard a **bloodcurdling** scream.
血が凍るような**ぞっと**する叫び声を聞いた。

「緊張する・おびえる」ときのオノマトペ 英語で言うなら……

そわそわ —— **restless**（緊張して落ち着かない）
be on tenterhooks（緊張して落ち着かない）

どきどき —— **nervous**（緊張した）
one's heart is pounding
（〔緊張で〕心臓がどきどきしている）
one's heart was in one's mouth
（心臓が口から飛び出そうなほどどきどきしていた）

はらはら、ひやひや —— **anxious**（不安な、心配な）
anxiously（心配そうに）

びくびく —— **get jumpy**（びくびくする）
scaredy-cat（過度に怖がりの人）

おどおど —— **timid**（臆病な）
faint-hearted（臆病な）

どきっ、ぎょっ —— **startle**（驚かせる）
with a start（驚いて）
jump out of one's skin（心臓が飛び出るほど驚く）

ぴりぴり —— **tense**（気が張り詰めて緊張した）
be on edge（神経質になって、いらいらして）

ぞくぞく、ぞっと —— **a chill runs down one's spine**
（恐怖で背筋がぞくぞくする）
get shivers down one's spine
（恐怖で背筋がぞくぞくする）
bloodcurdling（血も凍るような）

7 疲れる

疲れたときに、最も使われている英語はtiredとtiringです。主語による使い分けがポイントで、人を主語にする場合はI am tired.のようにtiredを使います。「ランニングは疲れる」のように、疲れさせる物事を主語にする場合はRunning is tiring.とtiringを使います。

へとへと、ばたんきゅー

とても疲れたときには、**be exhausted**をよく使います。exhaustedは**エネルギーが全部抜けて**何もできないイメージです。**exhausting**もよく使いますが、この場合はtiringと同様に、エネルギーを失わせる物事が主語になります。

I'm **exhausted** from swimming this morning.
今朝は泳いだので**へとへと**だ。

Swimming is **exhausting**.
泳ぐと**へとへとに**なる。

疲れが溜まっている場合には**be burned[burnt] out**が使えます。ろうそくがburn out（燃え尽きる）ように、**燃料がなくなっている**イメージです。burn outを名詞にしたburnoutは「燃え尽き症候群」という意味になります。

I'm **burned out** from lack of sleep.
寝不足で**へとへと**になっている。

be zonkedはスラングで、力が抜けて、ぐっすり眠れそうなときに使います。

I'm zonked. It's about time I hit the sack.
へとへと。もう寝る時間だ。

zonk out は、**ばたんきゅー**でぐっすり寝入るときに言います。

I **zonked out** on the couch.
ソファで**ばたんきゅー**って寝ちゃった。

ぐったり

worn out は擦り切れた衣服に対して使いますが、疲れたときにもよく言います。**擦り切れた服のように疲れている**イメージです。「**be worn out from＋疲れた原因**」の形で表現します。

I'm worn out from all the cooking.
この料理を全部作ったので、疲れて**ぐったり**してる。

feel frazzled は、ぼろぼろに擦り切れることを意味する fray に由来すると考えられていて、「**疲れ切っている**」という意味になります。

I'm **feeling** really **frazzled**.
もう本当に**ぐったり**だ。

がっくり

体の力が急に抜けるときには、**lose one's strength**（力を失う）と言えます。all を付けて強調すると、体全体が脱力した「がっくり感」がよりいっそう伝わります。

When I heard the terrible news, I **lost** all **my strength**.
そのひどいニュースを聞いて、もう**がっくり**きた。

また、**体がだらんとなる**ときに、**go limp**というフレーズが使えます。

My son's body **went limp** when he saw his TOEIC score.
息子はTOEICのスコアを見て**がっくり**となった。

うんざり

うんざりして我慢できなくなったときには、英語で**be fed up with ~**をよく使います。fed はfeed（食事を与える）の過去分詞ですので、fed up withは文字通りには「ご飯を飽きるほど食べさせられる」ですが、現在fed up withはご飯に対しては使いません。

I'm so **fed up with** this job. I can't take it anymore.
この仕事にすごく**うんざり**している。もう我慢できない。

本当にうんざりしたときには、**be fed up to the eyeballs**というフレーズも使えます。口だけでなく、目玉までご飯を食べた、というイメージです。

tiredは通常「疲れた」という意味ですが、**be tired of ~**で「**~にうんざりする**」という意味になります。うんざりした気持ちを強調したい場合には、**be sick and tired of ~**というフレーズが良いです。

I'm **tired of** always waiting for Frank.
フランクにいつも待たされることに**うんざり**している。

「疲れる」ときのオノマトペ 英語で言うなら……

へとへと、ばたんきゅー	**be exhausted**（ひどく疲れた） **exhausting**（ひどく疲れさせる） **be burned[burnt] out**（疲れ切った） **be zonked**（疲れ果てた） **zonk out**（ばたんきゅーで寝る）
ぐったり	**be worn out from ~**（～で疲れた） **feel frazzled**（疲れ切った）
がっくり	**lose one's strength**（脱力する） **go limp**（体がだらんとなる）
うんざり	**be fed up with ~**（～にうんざりしている） **be fed up to the eyeballs** （本当にうんざりしている） **be (sick and) tired of ~**（～にうんざりしている）

Column 4 英語のコミックのオノマトペ

日本の漫画と同じように、アメリカのコミックを開くとオノマトペで溢れています。ドアを開けたり、ジャンプをしたり、銃を撃ったりするときの音を、多くのアメリカのコミックは鮮やかな色文字を使いながらオノマトペで表現します。

特に、バットマンやスーパーマンなどのオノマトペの使い方が有名です。例えば、バットマンが戦う場面では、**pow**、**bam**、**clunk**などの一般的なオノマトペを使うだけではなく、**thwapp**、**zlonk**、**eee-yow**、**ker-sploosh**といった独特のオノマトペを生かしています。

オノマトペはキャラクターのキャッチフレーズにも使われています。例えば、DCコミックスのSpider-Man（スパイダーマン）といえば、彼の手首から発射されるクモの糸を思い浮かべる人が多いと思います。この音は、**thwip**で表します。マーベル・コミックのスーパーヒーローであるWolverine（ウルヴァリン）の場合、指の関節から出る金属の爪は**snikt**で表現します。そして、Nighcrawler（ナイトクロウラー）のテレポーテーションの音は**bamf**になります。

バットマンにはonomatopoeia（オノマトペ）という名前のキャラクターも出てきます。onomatopoeiaは常にオノマトペを口に出す連続殺人犯です。例えば、敵の矢が「ポキン」と折れるときには**snap**、ナイフから血が「ぽたぽた」としたたり落ちるときには**drip**、ドアが「ぎーっ」と開くときには**creeeeek**と言う、という具合です。

アメリカのポップアートを代表するRoy Lichtenstein（ロイ・リキテンスタイン）とAndy Warhol（アンディ・ウォーホル）は、DCコミックスからインスピレーションを受けていろいろな作品を作りました。Roy Lichtensteinは巨大なサイズでコミックのような絵を描き、そこにコミックのようなオノマトペの字を描きました。例えば、*Whaam!*という作品では、ミサイル攻撃を受けた飛行機の絵に、**Whaam!**という**爆撃音**を表すオノマトペが描かれています。

Sweet Dreams, Baby! という作品では、顔と拳の絵のそばに**POW!**と描いてあります。powは拳にたたかれたときに使うオノマトペだからです。

以下は英語のコミックで使われるオノマトペです。

aargh	アーッ（嫌がるとき）
bam	バンッ（衝突音、何かが急に起こったときの音）
bang	バンッ（銃の音）
boing	ボヨーン（スプリングの音）
click	パシャ（カメラのシャッター音）
clunk, clank	ガチャ（金属の音）
crack	ポキ、バキ（骨や枝が折れる音）
creak	ギー（ドアがきしみながら開く音）
kaboom, boom	ドッカーン、バーン（爆発の音）
mwah, smooch, smack	チュッ（キスの音）
oooff	フーッ（息を切らしたとき）
ouch	イタッ（痛いとき）
pew-pew	ピューピュー（レーザー銃の音）
plop	ポチャン（水に落ちる音）
pop, bang	パンッ、バンッ（風船の割れる音）

pow, sok, zonk, bam, kapow	パンッ、パシッ、バンッ、バシッ （拳でたたかれたときの音）
rat-at-at-at-at-at	ダダダダダダ（マシンガンの音）
snap	ポキン（折れる音）
splat	ピシャ（柔らかい物が地面に落ちる音）
swish	シュッ（バスケットボールがリングのネットをかする音）
thud, thunk	ドスン（重い物が地面に落ちる音）
tick tick tick	チクタクチクタク（時限爆弾の音）
ticktock	チクタク（時計の音）
wham	ガーン、ドカン（強くぶつかる音）
whoa	おっと、うわー（びっくりしたとき）
zap	バシッ、ビュッ（レーザーや電気の音）

Column 5 英語の車のオノマトペ

日本人がお医者さんにオノマトペを使って体の痛みを説明するのと同じように、英語のネイティブは車の問題があるときに、自動車修理工にオノマトペでよく説明します。すぐに壊れる古い車は英語で**clunker**と言います。壊れた車はよく、clunkという音を出すからです。

It's an old **clunker**.
それは**ポンコツ**車だ。

以下は、車の調子が悪いときに使うオノマトペです。

banging	**パンッ**（バックファイアのときの音）
clicking	**カチッ**
clunking	**ガチャ**（エンジンから出る音）
grinding	**キュルキュル**（エンジンがきしむ音）
hissing	**シューッ**（エンジンやタイヤからの音）
pinging	**ピーン**
rattling	**ガタガタ**
rumbling	**ゴロゴロ**（エンジンから出る音）
screeching	**キーッ**（エンジンから出る音）
spluttering	**プスプス**（排気管からの音）

車が順調に動いている様子を表すオノマトペもいくつかあります。

■ vroom-vroom

vroomは**車のエンジンがブルンと回転速度を上げる**ときのオノマトペで、子供が車のおもちゃで遊ぶときにも、vroom-vroom（ブルンブルン）とよく言います。また**zoom**も**ブーンというスピード音を表す**オノマトペです。日本の自動車会社、マツダのアメリカでのスローガンはzoom zoomで、マツダの速さを描写的に表現しています。

■ whirr

whirrは**車のファンや歯車の音**を表します。オイルを入れたエンジンが滑らかに動くときの音のイメージです。また、**whoosh**は**車がシュッと空気を切って素早く通り過ぎる**ときの音を表します。

I could hear the **whirring** gears of the car.
車の歯車が**ブンブン**回転する音が聞こえた。

■ putt-putt

小さいエンジンがパタパタいう音は**putt-putt**で表します。putt-puttを動詞化して、putt alongとも言えます。インド英語と東南アジア英語では、この音をtuk-tukで表現し、インドでよく見かける原動機付き人力車はtuk-tuk（トゥクトゥク）と呼びます。

Look at that little car **putting along**.
見て、**パタパタ**走ってるあの小さい車。

■ clunk, click

イギリスでは、車のシートベルト着用を呼びかける広告で次のフレーズが使われていました。

Clunk click, every trip

ここでの**clunk**はドアが**ガチャ**と閉まるときの音、**click**はシートベルトが**カチッ**と締まるときの音です。つまり、運転席に座る度に、シートベルトを必ず締めましょう、という意味になります。

Part
3

感覚を表現するオノマトペ

1 手触り
2 痛み・体の不調
3 食感

Column 6
英語の広告とスローガンのオノマトペ

Column 7
英語の擬音語のルール

1 手触り

手触りのオノマトペを表現する英語には、yで終わる形容詞がたくさんあります。その多くは動詞や名詞から派生して形容詞になったものです。 例えば、stickは接着剤などでくっつけることを意味する動詞ですが、yを付けたstickyは「粘着性のある」という意味の形容詞になります。「産毛」を意味するfluffにyを付けたfluffyは「産毛のような」を意味する形容詞です。このような例えで、「べとべと」や「もふもふ」を上手に表現できるでしょう。

べとべと

何かを貼り付けるときにstickという動詞を使いますが、**sticky**は**くっつきやすい物**や**粘り気が出やすい物**に対して言います。

My fingers are **sticky** from the honey.
蜂蜜で指が**べとべと**している。

ちなみに、sticky bunはシナモンロールのような、砂糖がべとべとしている感じの菓子パンなどに対して使います。

ぬるぬる

slimyは「ぬるぬる」という意味になりますが、**気持ち悪いイメージ**があるので、泥、カエル、苔などに対してよく使います。

My hands are really **slimy** because I've been touching frogspawn.
カエルの卵を触ってたから、手がすごく**ぬるぬる**している。

すべすべ

英語では、すべすべの肌に対して**silky**をよく使います。silkは「絹」で、silkyは**絹のような感覚**を指します。

Your baby has such beautiful, **silky** skin.
あなたの赤ちゃんのお肌はすごくきれいで**すべすべ**していますね。

すべすべした床などを説明したい場合、**smooth**も言えます。smoothは**平らな面がある滑らかな物**に対して使います。

The floors in our new house are so **smooth**.
私たちの新しい家の床はとても**すべすべ**している。

つるつる

slipは「滑る」という意味で、**slippery**は「**滑りやすい**」になります。例えば、氷が張っている道路はa slippery roadです。

The road is really **slippery**, so be careful.
道がすごく**つるつる**だから、気を付けてね。

さらさら

Column 1 (P. 033) 参照

英語では、なだらかに流れる様子を**flowing**という語で表現します。「はやくさらさら流れている川」はa fast-flowing riverになります。**さらさらの髪の毛**に対してもflowingが使えます。

She has such beautiful, **flowing** hair.
彼女の髪の毛はすごくきれいで**さらさら**ですね。

ダムのような流れを遮る物がない川は、freely flowing riverと言います。同様に、「**からまりのないさらさらの髪の毛**」は**freely flowing hair**と言います。

ぱさぱさ

乾燥してぱさぱさした髪の毛は英語で**frizzy**と言います。frizzy hairは、ぱさぱさでボリュームのある髪のイメージです。

What's a good treatment for **frizzy** hair?
ぱさぱさ髪にいいトリートメントは何かな？

がさがさ、ざらざら

滑らかでない物は英語で**rough**とよく言います。例えば、滑らかさがなく、がさがさした肌はrough skinになります。また、ざらざらしている表面はa rough surfaceです。

My father's hands feel so **rough** when I touch them.
父の手は、触るとすごく**がさがさ**している。

coarseはroughの意味に似ていますが、**粒がある砂っぽい物**に対してよく使います。

This paper feels very **coarse**.
この紙はとても**ざらざら**しているね。

もふもふ

fluffは「産毛」という意味で、形容詞の**fluffy**は**産毛のように柔らかな感じ**を表します。また、枕などを「**ふんわりと膨らませる**」ときに**fluff up**という動詞を使います。fluffyはふわっと膨らむ柔らかなイメージがあるので、「もふもふ」をうまく表現できるでしょう。

My cat's fur is so **fluffy**. I could stroke it all day.
うちのネコの毛はすごく**もふもふ**。一日中なでていられる。

ふかふか

家具について心地がいいと言いたい場合、フォーマルな英語では**comfortable**と言いますが、ネイティブは**comfy**もよく使います。

What a **comfy** sofa.
このソファ、何て**ふかふか**で心地がいいんだろう。

しかし、comfyは柔らかさを十分表現していないので、softを一緒に使い、**soft and comfy**とする方が、ふかふかをよりよく表現できるでしょう。

This bed is so **soft and comfy**.
このベッド**ふかふか**だね。

「手触り」のオノマトペ 英語で言うなら……

べとべと —— **sticky**（べとべとした）

ぬるぬる —— **slimy**（ぬるぬるした）

すべすべ —— **silky**（絹のようにすべすべした）
smooth（滑らかですべすべした）

つるつる —— **slippery**（滑りやすい）

さらさら —— **flowing**（流れるような）
freely flowing hair（からまりのないさらさらの髪の毛）

ぱさぱさ —— **frizzy**（〔髪の毛が〕ぱさぱさした）

がさがさ、ざらざら —— **rough**（滑らかでない、がさがさした）
coarse（砂っぽくざらざらした）

もふもふ —— **fluffy**（ふわっと柔らかい）

ふかふか —— **comfortable[comfy]**（心地いい）
soft and comfy（柔らかで心地いい）

2 痛み・体の不調

英語圏のお医者さんに行ったとき、どういう痛みかを英語で説明するのは大事なことでしょう。日本語では、オノマトペで痛みの種類をはっきり説明できますが、英語ではstingやsplitのような比喩的な単語をよく使います。

しくしく

nagは小言を言うときに使います。例えば、「親は小言ばかり言っている」はMy parents keep nagging me.になります。そのニュアンスを使って、**have a nagging pain**で**しつこい痛み**があることを表せます。

I've **had a nagging pain** in my stomach since yesterday.
昨日から、お腹が**しくしく**痛い。

きりきり

「きりきり」はドリルで穴を開けるような感覚でしょう。英語ではdrilling pain（ドリルの痛み）より、**have a stabbing pain**（**ナイフで刺されたような痛みがある**）と言います。

After lunch, I **had a** terrible **stabbing pain** in my stomach.
昼ご飯の後、胃にひどい**きりきり**とした痛みがあった。

きりきり頭痛がすることは、**have a splitting headache**と言えます。splitは「割れる」という意味なので、splitting headacheで「**頭**

が割れそうなぐらい痛む」という意味になります。

I'm sorry, but **I have a splitting headache**, so I need to rest now.
ごめん、頭が**きりきり**痛いから、休憩しなきゃ。

ひりひり

stingは虫で刺されたときに使う動詞ですが、**刺されたような痛み**があるときにも使えます。

My sunburn really **stings**!
日焼けして皮膚がめちゃ**ひりひり**している！

形容詞のsmartは「賢い」という意味ですが、動詞の**smart**は「ひりひり痛む」という意味になります。**引っかき傷**ができたときや、**日焼け**したとき、**目の痛み**などに対してsmartが良いです。

My leg was still **smarting** two days after cutting it on a rose bush.
バラの茂みで傷つけた脚が2日たってもまだ**ひりひり**と痛かった。

ずきずき

「動悸がする」という意味の**throb**は**太鼓のリズムのように、痛みを定期的に感じる**ときにぴったりです。心臓が**どきどき**するときに言えますが、**have a throbbing headache**の形で頭痛に対してよく使います。

I **had a throbbing headache**, so I took a nap.
頭が**ずきずき**痛んだので、昼寝をした。

dullは「鈍い」という意味で、ナイフの鈍い刃などを表しますが、鈍い痛みに対しても使います。**ずきずきとした鈍い痛みがある**ことは、**have a dull pain**と言えます。

I went to the dentist because I **had a dull pain** in my tooth.
歯が**ずきずき**痛んだので、歯医者に行った。

ちくちく

トゲが**ちくちくと刺さる**ときには、英語で**prick**と言います。

The thorn **pricked** me.
トゲが**ちくちく**と刺さった。

ですので、トゲが刺さったような**ちくちくとした痛み**を感じる場合は、**prickly**という形容詞を使います。

My shirt feels so **prickly**.
僕のシャツはとても**ちくちく**する。

がんがん

acheは鈍くて、**体の深いところで感じる痛み**に対して使います。例えば、頭痛や関節の痛みです。

My head is really **aching**!
頭がほんと**がんがん**痛い！

むかむか

sickは風邪をひいたときや、**胃がむかむか**しているときに使います。風邪の場合はbe sickを使いますが、むかむかしている場合には**feel sick**と言います。

I **felt sick** after eating five pieces of cake.
ケーキを5切れ食べた後、胃が**むかむか**してきた。

feel nauseousは、吐き気があるなど「**胃がむかむかする**」という意味ですが、sickより硬い印象を与えます。

I've been **feeling nauseous** for about a week.
1週間ぐらい胃が**むかむか**している。

ふらふら

lightheadedのlightは「軽い」という意味なので、**頭が軽く感じてふらふらする**状態を指します。**get lightheaded**は酸素不足、低血圧、貧血などのときによく使います。

I **get lightheaded** when I stand up too quickly.
あまりはやく立ち上がると、**ふらふら**する。

くらくら

目が回ってくらくらする感覚は、英語で**feel dizzy**と言います。

I **felt** really **dizzy** when I climbed the Eiffel Tower.
エッフェル塔に上ったときには、本当に**くらくら**した。

get a dizzy spellというフレーズもよく耳にします。この場合、spellは「呪文」や「スペル」ではなく、「一時期」という意味になります。

I **get dizzy spells**.
私は一時的に**くらくら**するときがある。

からから

喉が渇いて、水などを飲みたくなったときには、parchedという単語を使って**be parched**と言えます。地面を「からからに干上がらせる」という意味の動詞parchからきている語です。

I'**m parched**. Do you have any water?
喉が**からから**。お水ありますか？

bone-dryは「**骨のように乾いた**」という意味で、骨だらけの砂漠を想像すると覚えやすいでしょう。**口の中がからからに渇いた状態**を**one's mouth is bone-dry**と言うことができます。

I'm so desperate for a drink. **My mouth is bone-dry**.
どうしても何か飲みたい。口が**からから**だ。

「痛み・体の不調」のオノマトペ 英語で言うなら……

しくしく ―― have a nagging pain（しくしく痛む）　*しつこい痛み

きりきり ―― have a stabbing pain（きりきりと痛む）
*胃に穴があくような
have a splitting headache（頭が割れるように痛む）

ひりひり ―― sting（ひりひり痛む）　*刺されたような痛み
smart（ひりひり痛む）　*引っかき傷、日焼け、目の痛みなど

ずきずき ―― have a throbbing headache（頭がずきずき痛む）
have a dull pain（ずきずきした鈍い痛みがある）

ちくちく ―― prick（トゲがちくちく刺さる）
feel prickly（トゲが刺さったようにちくちく痛む）

がんがん ―― ache（〔体の芯から〕痛む）　*頭痛や関節の痛み

むかむか ―― feel sick（胃がむかむかする）
feel nauseous（吐き気がする、胃がむかむかする）

ふらふら ―― lightheaded（ふらふらする）
get lightheaded（ふらふらする）　*低血圧や貧血など

くらくら ―― feel dizzy（目が回ってくらくらする）
get a dizzy spell（くらくらする）　*一時的なめまいなど

からから ―― be parched（喉がからからに渇いて）
one's mouth is bone-dry（口がからからに渇いて）

3 食感

ここでは、レシピや料理番組によく出てくる英語を紹介しています。こうした英語を使って、料理に関する日本語のオノマトペを英語で説明することができます。しかし、食文化が違うので、ネイティブの頭には違う料理が浮かんでくるかもしれません。例えば、「こってり」はrichやheavyで表すことができますが、英語圏の人は、こってりしたラーメンではなく、コクのあるおいしいケーキを思い浮かべることでしょう。

ふわふわ

空気が入っていて柔らかいパンやオムレツなどは、**fluffy**とよく言います。fluffyは食べ物以外にも使います。綿のように見える雲のことは、fluffy clouds（ふわふわした雲）と言えます。

These pancakes are so **fluffy**. They're delicious!
このパンケーキは**ふわふわ**だね。おいしい！

もちもち

chewは「かむ」という意味で、弾力があって**歯応えがある**食べ物のことを**chewy**と言います。しかし、肉に対してchewyを使う場合は「固くて食べにくい」という意味になります。

My favorite cookies are **chewy** and have chocolate chips in them.
僕の一番好きなクッキーは**もちもち**で、粒チョコが入っている。

ぷりぷり

plumpは、体形について使うと「**ぽっちゃり**」という意味になりますが、食べ物について使うと意味は「**ぷりぷり**」になります。

These soup dumplings are so **plump** and juicy.
この小籠包は**ぷりぷり**でジューシー。

ぱりぱり、さくさく

Column 6 (P. 133) 参照
Part 4-1 (P. 142) 参照

ぱりぱり、さくさくした食感は英語で**crispy**と言います。ちなみに、ぱりぱりしたポテトチップスはイギリス英語でcrispsとよく言います。

I want to bake the apple pie so that the crust has a nice **crispy** texture.
アップルパイは生地が**ぱりぱり**食感になるように焼きたい。

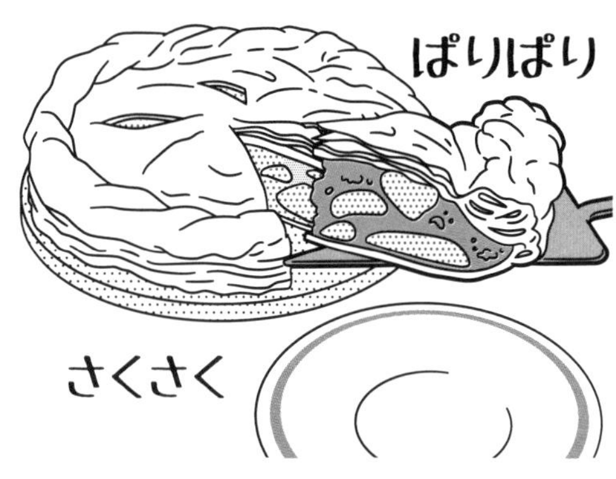

ぱさぱさ

食べ物が乾燥して固くなってしまった場合は、**stale** と言います。stale はパン、クッキー、ケーキなどに対してよく使います。

I had **stale** bread for lunch.
お昼に、**ぱさぱさ**のパンを食べた。

ぴりっと

コショウやチリなど**スパイスの刺激でぴりっとする**ときには、**have a[some] bite** と言えます。bite は「かむこと」という意味で、自分の舌をかむような感覚がするというイメージです。ぴりっとさせる食べ物のことは、**give a[some] bite** を使って表します。

If you add some chili pepper, it will **give it some bite**.
チリペッパーを加えると、**ぴりっと**する。

あっさり

season は「季節」という意味の名詞だけでなく「味付けする」という意味の動詞にもなります。**lightly seasoned** は、**薄い味付け**の料理に対して使われます。

The chef served me a **lightly seasoned** stew. It was absolutely delicious.
シェフが**あっさり**したシチューを出してくれた。ほんとおいしかった。

ちなみに、野菜を煮る場合にはboil vegetablesと言いますが、シチューなどをゆっくり**ことこと煮る**ことは**simmer**と言います。

Your stews always taste so good.
あなたのシチューはいつもおいしいね。

That's because I let them **simmer** for several hours.
数時間かけて**ことこと**煮るからだよ。

blandには「あっさり」という意味もありますが、**味が薄くておいしくない**ときに使うので、失礼な印象を与えてしまいます。

This soup is way too **bland**.
このスープは**あっさり**し過ぎている。

「軽い」という意味の**light**は、**消化に良い**物や**低カロリー**の物など、あっさりした食事に対してよく使います。

I'm not feeling well today. I just want to eat something **light**.
今日はあまり体調が良くない。**あっさり**した物だけで済ませたいな。

さっぱり

Part 1-6 (P. 047) 参照
Part 2-5 (P. 088) 参照

refreshは元気を取り戻すときに使いますが、**refreshing**はさっぱりとした物や、**味が濃くない**食べ物などに対してよく使います。

There's nothing more **refreshing** than a glass of ice-cold lemonade.
キンキンに冷えたレモネードほど**さっぱり**する物はないね。

「あっさり」で紹介した**light**も「さっぱり」の意味で使えます。

In the summer, it's nice to eat something **light**.
夏は、**さっぱり**した物を食べるのがいいね。

繊細でさっぱりとした味の料理に対しては、**delicate flavor**と言えます。

I like Japanese food because of its **delicate flavors**.
和食が好きな理由は、**さっぱり**とした味わいがあるからです。

こってり

heavyと**rich**は、味が濃い食べ物に対して使えます。通常、heavyはネガティブなニュアンスに、richはポジティブなニュアンスになります。heavyは**胃にもたれるような**料理に対して使い、richは**濃厚でおいしい**味が残るときに使います。

This ramen is too **heavy** for me.
このラーメンは僕には**こってり**し過ぎている。

This ramen has a wonderful, **rich** flavor!
このラーメン、**こってり**とした見事な味わいがある！

とろとろ

とろっとしたおいしい食べ物を説明するときには、**thick and creamy**や**rich and creamy**というフレーズをよく使います。

thickは「濃厚な」、creamyは「クリームのような」、richは「香りや味が豊かな」という意味です。

This cheese fondue is so **rich and creamy**. It's really delicious!
このチーズフォンデュ、すごい**とろとろ**。めちゃおいしい！

ねっとり

柔らかくてねっとりしている物は**gooey**と言えます。名詞のgooは泥など粘りつく物を指すので、気持ち悪いイメージがありますが、形容詞のgooeyはスイーツなどのおいしい物に対しても使えます。

These Japanese sweets have a delicious **gooey** center.
こういう和菓子は、真ん中の**ねっとり**したところがおいしい。

ねばねば

ねばねばと言うと、納豆を思い浮かべる人が多いと思います。納豆のねばねばした食感をネイティブに伝えたい場合は、**stringy**が良いと思います。stringは「糸」で、stringyは納豆の**ねばつく糸**をよく表現します。

Why don't you like "natto"?
何で納豆は好きじゃないの？

It's too **stringy**.
ねばねばしているから。

あつあつ

scaldは「やけど」という意味です。**scalding hot**で「**やけどするぐらい熱い**」という意味になります。通常、飲み物やスープなどに対して使います。肉や野菜の場合には、**extremely hot**がよく使われています。

The soup is **scalding hot!**
このスープ、**あつあつ！**

This meat is **extremely hot**, so be careful.
この肉は**あつあつ**なので、気を付けてね。

ほやほや

Column 3 (P. 066) 参照

piping hotは、**焼きたて**の熱いパンなどに対して使います。これはポジティブなイメージで、「ほやほや」に似ています。pipingは湯気が出ているというイメージです。

The cookies are **piping hot!**
クッキーは、できたて**ほやほや！**

キンキン

日本語で「**キンキンに冷えたビール**」と言いますね。英語でよく聞くのは**ice-cold beer**です。家に帰って、I want an ice-cold beer. と思っている会社員がたくさんいます。キンキンと同じように、ice-coldはCMによく出てきます。

I want an **ice-cold** beer to wet my whistle.
キンキンに冷えたビールで一杯やりたい！

wet one's whistleはお酒を飲みに行きたいときに使う表現です。文字通りには「口笛を濡らす」という意味ですが、口笛は口の比喩になります。この表現は500年間も使われています。

たっぷり

量がたくさんあるときには、**plenty**が使えます。特に、食べ物やお金がたくさんある場合、plentyがぴったりです。

I like American restaurants because they always serve **plenty** of food.
アメリカのレストランは、**たっぷり**食べられるから好きだ。

食べ物と豊かさの象徴として用いられる、ギリシャ神話に由来する角のイメージのことを、the horn of plenty「豊穣の角」と言います。

ちょこっと

Part 1-8 (P. 058) 参照

a dropは「一滴」という意味ですが、**お酒などを少しだけ**飲む場合、a dropを使うネイティブが多くいます。

Would you like some wine?
ワインはいかがですか？

Just **a drop**, please.
ちょこっとだけお願いします。

ケーキなどをちょっとだけ食べたい場合は**a sliver**が良いでしょう。a sliverは「**とても細い一切れ**」という意味になります。

Would you like a piece of cake?
ケーキを一切れどう？

Oh. Just **a sliver** for me, please.
あ、**ちょこっと**だけお願いします。

食感のオノマトペ 英語で言うなら……

ふわふわ —— **fluffy**（ふわふわで柔らかい）

もちもち —— **chewy**（歯応えのある）

ぷりぷり —— **plump**（ぷりぷりの）

ぱりぱり、さくさく —— **crispy**（ぱりぱりした、さくさくした）

ぱさぱさ —— **stale**（乾燥して固くなった）

ぴりっと —— **have[give] a[some] bite**（ぴりっとくる〔させる〕）

あっさり —— **lightly seasoned**（薄い味付けの）
bland（味気ない）、**light**（消化の良い）

さっぱり —— **refreshing**（元気を回復させる）、**light**（軽い）
delicate flavor（繊細な味わい）

こってり —— **heavy**（胃にもたれる）、**rich**（味が濃厚な）

とろとろ —— **thick[rich] and creamy**（とろりとコクのある）

ねっとり —— **gooey**（ねっとりした）

ねばねば —— **stringy**（ねばねばした、糸を引く）

あつあつ —— **scalding[extremely] hot**（非常に熱い）

ほやほや —— **piping hot**（できたてで熱い）

キンキン —— **ice-cold**（キンキンに冷えた）

たっぷり —— **plenty**（たくさんの、豊富な）

ちょこっと —— **a drop**（一滴）、**a sliver**（薄い一切れ）

Column 6 | 英語の広告とスローガンのオノマトペ

英語の広告やスローガンは、オノマトペを上手に生かして、消費者の欲望を刺激します。例えば、ポテトチップスなどの**スナック菓子を食べるときのポリポリ、サクサクという音**は英語で**crunch**と言いますが、広告の中でこの言葉を使うことで、おいしさや食感をアピールします。英語のネイティブはcrunchと聞くと、おいしいお菓子を食べたくなります。

■ crunch

Nestle Crunchはシリアルが入ったチョコレートで、商品名にcrunchが使われています。チップス菓子のDoritos（ドリトス）の昔のスローガンでは、crunchがこのように使われていました。

Crunch all you want, we'll make more.

広告の中でもオノマトペが特によく使われるのは、子供向けの朝食です。**Cap'n Crunch**（キャップンクランチ）は子供の朝食の定番、シリアルの名前ですが、このスローガンではcrunchが名詞として出てきます。

Cap'n Crunch: The **crunch** always gives you away.

Cap'nは、海賊が使うcaptain（船長）のなまった言い方で、オノマトペのCrunchが船長の名前に使われています。The crunch always gives you away.は「子供たちがキャップンクランチをポリポリ食べる音で、いつも船長にばれてしまう」という意味で、子供たちがこの商品に夢中になるイメージを伝えています。

■ snap, crackle, pop

シリアルのRice Krispies（ライス・クリスピー）のスローガンには、オノマトペが3つ使われています。

snap, crackle, pop

snap、**crackle**、**pop**は、ライス・クリスピーの上に注いだ牛乳が**パチパチとはねる音**を表しています。3つのオノマトペが小気味いいリズムを生んでいるスローガンです。popは、**パンがトースターからポンッと飛び出す**音も表します。このオノマトペを商品名に使った、アメリカで人気の朝食が**Pop-Tarts**（ポップタルト）です。薄いタルト生地でチョコレートやジャムなど、さまざまなフィリングを挟んだ物で、朝食や軽食に親しまれています。

■ grrr

They're **Gr-r-reat**!

これはFrosted Flakes（コーンフロスティ）のスローガンです。イギリスではFrostiesと呼ばれています。Frosted Flakesのマスコットはトラなので、**トラの「ガルルル」といううなり声**を表す**grrr**とgreatをかけて表現しています。

■ plop, fizz

Alka-Seltzer（アルカセルツァ）は水に溶ける錠剤です。Alka-Seltzerのスローガンはとても有名で、英語のビジネスの授業ではスローガンの好例としてよく挙げられます。

Plop plop fizz fizz, oh what a relief it is.

このスローガンはAlka-Seltzerの使い方と効果をきれいにまとめています。**plop**は**錠剤が水にポンッと入るときの音**、**fizz**はそれが**水にシューッと溶けるときの音**です。最後に、what a relief it isで、痛みがなくなってほっとした気持ちを表現しています。この最後のisとfizzが韻を踏んで、さらに薬の効果が伝わります。

■ slurp, gulp

slurpというオノマトペを耳にすると、気分がすっきりする飲み物を想像します。アメリカのコンビニの7-Elevenでは、**Slurpee**というシャーベット状の飲み物が売られています。これをストローで飲むときの音をslurpというオノマトペで表現し、冷たく**シャリシャリ**したドリンクのおいしさをアピールしています。7-Elevenでもう一つ人気の飲み物は、**Big Gulp**です。**gulp**は勢いよく**ごくごく飲む**ときのオノマトペで、take big gulps（ごくっと飲む）というフレーズを連想します。Big GulpはXLサイズの飲み物で、好きなだけごくりと飲めるソーダです。

■ mmmmm

いい匂いを嗅ぐときには、英語で**mmmmm**と言うので、コーヒーや香水のCMではmmmmmという音がよく出てきます。

■ zzzz

ぐっすり眠る様子を**zzzz**と表すので、Republic of Tea（ハーブティーの会社）はこのオノマトペを次のように使っています。

Get some **zzz**'s

私たちのティーを飲むと「ぐっすり眠れるよ」というふうにアピールしています。

Column 7 英語の擬音語のルール

「母音の順番」というルール

ping-pong（ピンポン）は英語のオノマトペですね。ピンポン玉がラケットとping-pong table（卓球台）に当たるときの音です。昔は、ping pongにはもう一つ別の名前がありました。それは**whiff-whaff**です。これもオノマトペで、ラケットを振ったときの空気の流れを表します。

whiff-whaffもping-pongも、The Rule of Ablaut Reduplication（畳語の母音交替のルール）に従っています。畳語とは、同じ音や言葉を繰り返す「繰り返し言葉」のことです。英語の畳語では、母音の順番として、iの後にaもしくはoを付ける、つまり、「i→a」または「i→o」の順番になる、というルールがあるのです。

pingの母音はiで、pongの母音はoなので、ping-pongと言います。pong-pingのように、iの前にoを付けると、英語ネイティブの耳にはとても変に響くのです。whiff-whaffも同じルールに従っています。whiffはiで、whaffはaなので、whaff-whiffではなく、whiff-whaffと言います。

hip hop（ヒップホップ）という音楽の場合、hipはiでhopはoなので、hop hipではなく、hip hopと言います。「ビーチサンダル」もiとoの順で**flip-flop**です。ゴジラの敵の**King Kong**（キングコング）もこのルールに従っています。**Kit Kat**（キットカット）の方が「カットキット」よりずっとおいしく感じるでしょう。

3つの単語がある場合、母音の順番は「i → a → o」になります。このルールが、例えば童話の「赤ずきんちゃん」に出てくる「悪いオオカミ」がbig bad wolfになる理由です。文法的な観点から形容詞の順番だけを見ると、bad big wolfが正しい英語になりますが、これは「i→a→o」のルールに従っていないので、ネイティブの耳には、big bad wolfの方が正しく聞こえます。

多くのネイティブはこのルールを意識せずに感覚だけで使っています。もしかしたら日本人も無意識のうちに、このルールをカタカナを通して覚えてきたかもしれません。みなさんもポンピン、ホップヒップ、コングキングなどと聞くと、きっと違和感を覚えることでしょう。

日本語のオノマトペに似た使い方

英語の畳語は、日本語のオノマトペに似たところがあります。例えば、**kitty-cat**はcatより**かわいい印象**を与えるので、日本語の「にゃんこ」に似ています。

Your **kitty-cat** is so cute.
君の**にゃんこ**はすごくかわいいね。

tiptopは「**絶好調**」のときに使えます。pの音が日本語の「ぴちぴち」に似ている感じがします。物に対しても使えます。

How are you feeling?
元気？

I'm **tiptop**!
ぴちぴちしてるよ！

My skin is in **tiptop** condition today!
今日の私のお肌は**ぴちぴち**！

イギリスでは、廊下などでうろうろしている生徒に対して、先生はStop dilly-dallying.と言ったりします。**dilly-dallying**はぐずぐずと時間を無駄に過ごしているときや優柔不断なときに使います。

No more **dilly-dallying**.
もうぐずぐずしないで。

子音を変えるテクニック

上記の畳語のように母音を変える単語とは異なり、子音を変える畳語もたくさんあります。このような単語はわざとふざけた感じで言うことが多く、かわいい印象や面白い印象を与えます。『華麗なるギャツビー』で知られる1920年代のように社会が活気に満ちていた頃に作られた言葉が多いですが、現在でもよく耳にします。

子音の畳語である**teeny-weeny**や**itsy-bitsy**で、日本語の「**ちんまり**」というオノマトペを表現できます。*Itsy Bitsy Teenie Weenie Yellow Polka Dot Bikini*という有名な60年代の曲があります。

Look at that **itsy-bitsy** spider.
あの**ちんまり**したクモを見て。

razzle-dazzleは「**きらきら**」を英語で表現したい場合に良いでしょう。razzle-dazzleは「派手」という意味で、dazzle（きらきら輝く）に由来します。

This party needs some **razzle-dazzle**.
このパーティーはもっと**きらきら**した感じにしないと。

I want to wear a dress with some **razzle-dazzle**.
きらきらしたドレスを着たい。

bee's kneesは「**最高**」という意味になります。文字通りの意味「ハチの膝」とは何の関係もありませんが、こうしたナンセンスな面白さも子音を変える畳語の特徴です。

How is your new apartment?
新しい部屋はどう？

I think it's the **bee's knees**.
ばっちり最高だよ。

プールなどでNo **hanky-panky**. という看板を見ることがあります。これは、カップルなどが公共の場所で**ハグやキス**をしないように、という意味です。

No more **hanky-panky** please!
いちゃいちゃしないで！

気持ち悪いことやぞっとさせることに対しては、**heebie-jeebies**と言えます。

That insect gives me the **heebie-jeebies**.
あの虫を見ると**ぞわぞわ**する。

Part
4

様子・状態を表す オノマトペ

1 やり方・態度

「てきぱき」「しっかり」など、物事の進め方や態度について微妙なニュアンスを伝える日本語のオノマトペ。英語で表現するのは特に難しそうに見えますが、具体的な場面を考えてみると、いくつかの適切なフレーズで伝えることができます。こうした言い回しは特に会社でよく使われ、日本人の働き方と強く関わっているように思います。

てきぱき

個人の感情などを考えず、**事務的に仕事をする**ときには、**in a businesslike fashion**と言えます。

She carried out the meeting **in a businesslike fashion.**
彼女はミーティングを**てきぱき**と取り仕切った。

何かを**活発的にする**ときには、**briskly**が使えます。

The manager dealt with their problems **briskly** and then went home.
経営者は問題に**てきぱき**と対応し、その後帰宅した。

さくさく

Part 3-3（P. 124）参照

何かを**効率的にする**ときには、副詞の**efficiently**や形容詞の**efficient**をよく使います。

Today, I did my work very **efficiently**. I did everything on my checklist.
今日は仕事が**さくさく**進んだ。チェックリストの内容は全部やり終えた。

こつこつ

plug awayは、**少しずつ努力をする**ときに使います。アドバイスとしてよく使われています。

How did you become so good at "go"?
どうやってそんなに囲碁が上手になったの？

I just kept **plugging away** at it.
こつこつと練習しただけだよ。

例えば、毎日のように、**一歩ずつ何かをする**ときには**step by step**が使えます。また、**take baby steps**は文字通りには「赤ちゃんの歩みをする」ですが、step by stepと同じように、少しずつ前に進む様子を表現できます。

Keep working at it **step by step**.
こつこつ努力してね。

Take baby steps. You'll get it in no time.
こつこつとね。すぐにできるようになるよ。

しっかり

relyは「頼る」という意味で、**reliable**は「頼りになる」という意味になります。reliableは、**しっかりしている人や会社**に対してよく言います。

I'm looking for a **reliable** business partner.
私は**しっかり**した共同経営者を探している。

get it togetherは「理性を取り戻す」という意味ですが、**have it together**というフレーズは、**仕事をうまくこなしている**人に対して使います。

The new employees really **have it together**.
新人は本当に**しっかり**しているね。

ちゃんと、きちんと

まじめでまともなことをしている場合、形容詞の**proper**と副詞の**properly**をよく使います。

I want a partner who has a **proper** job.
ちゃんとした仕事に就いているパートナーが欲しい。

That's not good enough. Please do this homework **properly**.
それではまだ不十分だよ。この宿題を**ちゃんと**やってください。

「**きちんと**」を英語で表現するときにも、**properly**と**proper**をよく使います。proper clothingは「きちんとした服装」で、sit properlyは「きちんと座る」になります。**きちんと時間を守る**人は、

punctual と言います。

It's important that employees at this company are always **punctual**.
この会社では、社員がいつも時間に**きちんと**していることが大事だ。

ざっと

ざっと見込むときや、**ざっと見積もる**ときには、**roughly** が使えます。

The new school is estimated to cost **roughly** $10 million.
新しい学校は**ざっと**見て1000万ドルかかります。

何かを**ざっと見る**ときや**ざっと読む**ときには、**glance** が使えます。

I just **glanced** at the report.
報告書を**ざっと**見た。

きっぱり

「きっぱり」を「**きっぱり断る**」という意味で使う場合、英語ではよく **refuse point-blank** と言います。point-blank は至近距離から撃つときに使う語で、標的の中の白いところに由来すると考えられています。

I refused **point-blank**. I could never do such a job.
私は**きっぱり**と断った。そのような仕事は絶対にできない。

for goodは、一見すると、「良いことのために」という意味になりそうですが、本当の意味は「いつまでも」です。誰かと**きっぱり別れる**ときには、**break up for good**をよく使います。

We finally **broke up for good** last year.
去年私たちは**きっぱり**と別れた。

わざわざ

わざわざ時間を割いてくれたときには、**take the time to ~**を使います。ビジネスでは、take the time out of your busy schedule to ~というフレーズが使えます。

Thank you so much for **taking the time to** meet with us.
わざわざお時間をいただき、本当にありがとうございます。

長い距離を移動して何かをしてくれたときには、**go all the way**や**come all the way**を使います。

You **came all the way** from Glasgow? I'm really touched!
わざわざグラスゴーから来てくれたの？　感動する！

あたふた

動揺したり取り乱したりするときには、flusterが使えます。動詞として**be flustered**、**get flustered**、あるいは名詞として**be in a fluster**とも言えます。

You mustn't **get** so **flustered**. Try to stay calm.
そんなに**あたふた**しないで。落ち着いてね。

とても急いでいるときには、**in a rush**というフレーズが使えます。in a rushを強調したい場合は、in a mad rushと言えます。

I was **in** such **a rush** last night. Sorry I didn't have time to talk.
昨晩はすごく**あたふた**していて。話す時間がなくてごめん。

in a rushの代わりに**be rushed off one's feet**を使って、I was rushed off my feet last night.のように言うこともできます。

ばたばた

hecticは**たくさんの用事があって忙しい**ときに使います。hectic fever（消耗熱）に由来します。

Things have been really **hectic** for the last couple of days.
ここ数日、本当にいろいろことが**ばたばた**している。

swampは「沼地」ですが、**be swamped with work**というフレーズは、**仕事や用事が溢れている**というイメージです。

This week, I'm just **swamped with work**. Maybe I can work on the project next week.
今週は仕事で**ばたばた**している。来週ならそのプロジェクトに取り掛かれると思う。

「やり方・態度」を表すオノマトペ
英語で言うなら……

てきぱき —— **in a businesslike fashion**（事務的に）
briskly（活発に、きびきびと）

さくさく —— **efficiently**（効率的に）
efficient（効率的な）

こつこつ —— **plug away**（こつこつ努力する）
step by step（一歩ずつ）
take baby steps（一歩ずつ進む）

しっかり —— **reliable**（〔人・会社などが〕しっかりした）
have it together（うまくこなす）

ちゃんと、きちんと —— **proper**（まじめな、まともな）
properly（まじめに、適切に）
punctual（時間をきちんと守る）

ざっと —— **roughly**（ざっと〔見積もる、見込む〕）
glance（ざっと見る［見積もる］）

きっぱり —— **refuse point-blank**（きっぱり断る）
break up for good（永遠に、これを最後に別れる）

わざわざ —— **take the time to ~**（～するために時間を割く）
go[come] all the way
（〔遠距離を〕わざわざ行く［来る］）

あたふた —— **be[get] flustered**（動揺する、取り乱す）
in a (mad) rush（大急ぎで）
be rushed off one's feet（非常に急いでいる）

ばたばた —— **hectic**（大忙しで）
be swamped with work
（仕事や用事に追われている）

2 調子・勢い

調子や勢いを表すオノマトペは、英語ではいろいろな副詞で表現できます。また、物事が進んでいく様子や時間がたつことは、単語の繰り返しでよく表現します。 better and betterのように比較級はandでつないで表すことが多く、day by dayのように時間の経過にはbyをよく使います。

じわじわ

何かがだんだん分かってくるときには、**dawn on one**というフレーズが使えます。文字通り、dawn on meは「私に対して夜が明けかかっている」。頭の中がだんだん明るくなってきた、というイメージです。

The meaning of Obama's speech finally **dawned on me.**
オバマ氏の演説の意味が**じわじわ**分かってきた。

slowly but steadilyという定番表現は、「**ゆっくりだけど確実に**」という意味になります。

My YouTube channel is growing **slowly but steadily.**
僕のユーチューブのチャンネルは**じわじわ**人気が出てきている。

どんどん

Part 5-2 (P. 193) 参照

「どんどん」と同じニュアンスで、言葉を2回繰り返して使う英語のフレーズはたくさんあります。例えば、**day by day**（**1日ごと**

に）、**minute by minute**（1分ごとに）、**hour by hour**（1時間ごとに）、**worse and worse**（どんどん悪くなる）、**better and better**（どんどんよくなる）などは「どんどん」のリズムをうまく伝えます。

My work is piling up **hour by hour.**
仕事が**どんどん**溜まっている。

It's getting **better and better.**
どんどんよくなっているよ。

「どんどん売れる」は、普通に表現するとsell very wellですが、**絶え間なく売れ続ける**様子をカラフルに表現したい場合は、**sell like hotcakes**のような比喩が良いでしょう。このように、英語ではオノマトペの代わりに比喩表現をよく使います。hotcake（パンケーキ）と同じように、飛ぶように売れるというイメージです。

How is the new product doing?
新しい商品はどう？

It's **selling like hotcakes.**
どんどん売れているよ。

ぐんぐん

何かが**素早く進む**ときには、英語で**rapidly**をよく使います。

The construction of the skyscraper progressed **rapidly.**
超高層ビルの建設は**ぐんぐん**進んでいた。

通常、形容詞のsharpは「鋭い」という意味ですが、何かが**急激に変化していく**ときには、副詞の**sharply**が使えます。

In the past decade, global temperatures rose **sharply**.
この10年間、地球の気温は**ぐんぐん**と上昇した。

ぱっと

突然何かが変わるときには、英語で**suddenly**をよく使いますが、**in a flash**というフレーズも使えます。flashは「輝く」という意味で、一瞬のひらめきの間に、瞬く間に、というイメージになります。

She was out of the house **in a flash**.
彼女は**ぱっと**家を出た。

instantは「瞬間」という意味で、**in an instant**にもin a flashと同じ使い方があります。

In an instant, Clark Kent had changed into Superman and was ready to protect the city.
クラーク・ケントは**ぱっと**スーパーマンに変身し、いつでも市を守れる準備をした。

がらりと

dramaは「ドラマ」という意味ですが、**dramatically**は「劇的に」や「急激に」という意味になり、**急激に変わる様子**を表すのにぴったりです。

His personality changed **dramatically** after starting yoga.
彼はヨガを始めてから、性格が**がらりと**変わった。

どっと

通常、burstは「破裂する」や「爆発する」という意味になりますが、**burst into ~**で「**急に~の状態になる**」「**急に~〔場所〕に入る**」という意味を表します。例えば、**burst into laughter**は「**どっと笑い出す**」、**burst into tears**は「**どっと泣き出す**」、**burst into a room**なら「**どっと部屋に入る**」です。

The audience **burst into laughter** when the clown slipped on a banana peel.
ピエロがバナナの皮に滑ると、聴衆は**どっと**笑い出した。

breakは「壊れる」という意味ですが、「**どっと拍手が起きる**」ときや「どっと走り出す」ときには、**break into applause**や**break into a run**のように**break into**をよく使います。

The audience **broke into** a round of applause.
聴衆は**どっと**大きな拍手をした。

すっと

仕事や計画などが思ったよりうまくいって、**問題なく進む**とき、英語では**without a hitch**というフレーズが使えます。ここでのhitchは「障害」という意味になります。

Luckily, the plan went off **without a hitch**.
幸いなことに、計画は**すっと**通ったよ。

「様子・態度」を表すオノマトペ 英語で言うなら……

じわじわ —— **dawn on one**（～にじわじわ分かってくる）
slowly but steadily（ゆっくり確実に）

どんどん —— **day by day**（日ごとに）
minute by minute（1分ごとに）
hour by hour（1時間ごとに）
worse and worse（どんどん悪くなる）
better and better（どんどんよくなる）
sell like hotcakes（どんどん売れる）

ぐんぐん —— **rapidly**（素早く）
sharply（急激に）

ぱっと —— **suddenly**（突然に）
in a flash（瞬く間に）
in an instant（一瞬で）

がらりと —— **dramatically**（劇的に、急激に）

どっと —— **burst into laughter[tears]**
（どっと笑い出す［泣き出す］）
burst into a room（部屋にどっと入る）
break into applause（どっと拍手が起きる）
break into a run（どっと走り出す）

すっと —— **without a hitch**（問題なく）

3 人・物の外見

人や外見について説明するとき、微妙なニュアンスを伝える英語の形容詞がたくさんあります。例えば、学校の教科書では「細い」という意味でthinという単語を学びますが、thinとはニュアンスが異なるslenderやwillowyもあります。形容詞の音が意味を伝えることもあります。例えば、glowingやgleamingのようにglで始まる形容詞は、光る物を表します。slim、slender、slightのように細さを表す形容詞はよくslで始まります。

ほっそり

Column 1(P. 034)参照

細くてしなやかな体形の人は英語で**slender**と言えます。slenderは体全体だけではなく、細い脚や腕に対しても使えます。

He's a **slender** young man with long, dark hair.
彼は**ほっそり**した若い男性で、長い黒髪をしています。

英語で「柳」はwillowと言い、**柳の細い枝のような体形**の人は**willowy**と言います。

My sister is tall and has a **willowy** figure.
姉は背が高くて**ほっそり**した体形をしている。

ぽっちゃり

plumpは**丸くてぽっちゃり**している人に対して使います。fatより丁寧な語で、体形だけではなく、体の一部に対しても使えます。また、**まるまる**とした食べ物に対しても言えます。例えば、a plump chickenは「まるまるとしたニワトリ」です。

Your baby has such cute **plump** cheeks.
あなたの赤ちゃんは、かわいくて**ぽっちゃり**した頬をしている。

chubbyも**ぽっちゃり**している人に対して言います。plumpと同じように、fatより丁寧な語で、chubby arms（ぽっちゃりした腕）のように体の一部に対しても使えます。

All the students in my class are **chubby**.
僕のクラスにいる生徒は皆**ぽっちゃり**している。

がっしり

体形がたくましい人や**頑丈な家具**などに対しては、**sturdy**をよく使います。

Find a **sturdy** chair to stand on.
踏み台にできる**がっしり**した椅子を探してね。

well-builtは通常男性に対して使われ、「**体格の良い**」という意味になります。well-builtを名詞の前に置く場合はハイフンを入れますが、名詞より後ろに置く場合はハイフンを使いません。

All of the players on the rugby team were **well-built**.
そのラグビー チームの選手たちは皆**がっしり**していた。

しっとり

dewは「露」という意味ですので、形容詞の**dewy**は「露に濡れたような」とか「露のように」という意味になります。**柔らかくて潤いのある肌**に対してよく使います。

I've been using this cream for several months, and now when I wake up in the morning, my skin looks **dewy** and shiny.
このクリームを数カ月使っていて、今は朝起きると、肌が**しっとり**つやつやしている。

moistは少し濡れている物に対して言います。例えば、a moist climateは「雨がよく降る気候」という意味になります。moistは、**しっとりした肌や食べ物、涙ぐんだ目**などを指します。

What is the secret to your **moist** skin?
あなたの**しっとり**したお肌の秘訣は何？

It's eating **moist** fruitcake every day!
毎日**しっとり**したフルーツケーキを食べることだよ！

つやつや

つやつやした肌を英語で表現したい場合、**glow**をよく使います。通常、glowは白熱光などを指しますが、**健康的なつやつやした肌**にぴったりです。

Your skin has a wonderful, healthy **glow**!
あなたの肌はとても健康的で**つやつや**だね！

sheenは「つや」や「光沢」という意味で、**つやつやする髪の毛**に対してよく使います。人間だけではなく、動物の毛についても言います。

You must be feeding your dog well. His coat has a nice **sheen**.
イヌにいいご飯をあげているんでしょうね。毛がとても**つやつや**してる。

きらきら

Column 1（P. 034）参照
Column 7（P. 138）参照

glitterは「きらきら光る」という意味で、**きらきらする星**や**きらきらする目**に対してぴったりです。また、英語でラメのことをglitterと言います。

It was a moonless night, and I stared at the **glittering** stars.
月のない夜だったので、**きらきら**と光る星を僕は見つめた。

水に濡れて光る物の場合には、**glistening**という英語が良いです。例えば、雨が降って、道がきらきらして見えるようなときには、glistening streetと言えます。

My two memories of my trip to Mexico are the **glistening** sea and delicious margaritas.
メキシコ旅行での2つの思い出は、**きらきら**輝く海とおいしいマルガリータだ。

英語のオノマトペは通常音だけを表しますが、**bling-bling**は英語にしては珍しく、見た目を表すオノマトペです。割と新しいスラングで、日本語の「きらきら」と同じように、**金やダイヤモンドの光の反射**などを表します。現在はきらきらする物自体を表す語になり、**bling**一語だけでもよく使われています。

She has some serious **bling** on her fingers.
彼女は指に**きらきら**とした超派手なアクセサリーをしている。

また、blingとbling-blingは「派手な」を意味する形容詞にもなっていて、I'm fed up with leading a bling lifestyle.（派手な生活を送るのはもううんざり！）のように使います。

ぎらぎら

Column 1 (P. 034) 参照
Column 8 (P. 181) 参照

とても明るい物は**dazzling**と言えます。**一瞬見たときに目がくらむほど輝いている**、というイメージがあるので、ぎらぎら光る太陽についてdazzlingと言えるし、光っている宝石に対しても使えます。

I went to the Tower of London and stared at the **dazzling** crown jewels.
私はロンドン塔に行き、**ぎらぎら**とまばゆい光を放つ王冠の宝石を見つめた。

ちなみに、flashyは「ケバい」という意味で使います。ニュアンスは「ぎらぎら」ですが、「キラキラネーム」はflashy nameと訳すことができます。

ぴかぴか

靴を磨く人は英語でshoeshinerと言い、shineは「光っている」や「輝いている」という意味になります。**掃除してきれいになった物や新品の物**に対して**shiny**はぴったりです。例えば、ぴかぴかの床、車、靴などです。

When I wear my **shiny** new shoes, it makes me smile.
ぴかぴかの新しい靴を履くと、笑顔になる。

はっきり

英語では、**はっきりした形**は**clear**でよく表現します。例えば、読みやすい字や、形がよく見える映像などです。「**はっきり見える**」は副詞の**clearly**を使って言えます。

You can see the mountain very **clearly** in this photo.
この写真は山がとても**はっきり**見えるね。

くっきり

形が他と区別できて鮮明に見えるという場合は、副詞の**distinctly**を使います。

I can **distinctly** see the outline of Tokyo Tower from my house.
うちの家から東京タワーが**くっきり**と見える。

on fleekは**眉毛が完璧にくっきり描けた**ときに使うスラングです。

Karen! Your eyebrows are **on fleek**!
カレン！　君の眉毛は**くっきり**描けているね！

そっくり

見た目がそっくりの場合、**look exactly the same**や**look exactly like**と言えます。

Wow. You **look exactly like** Harrison Ford!
やばい。あなたってハリソン・フォードに**そっくり**！

like two peas in a podは「瓜二つ」という日本語のフレーズに似ています。podは「さや」という意味で、**さやの中の2つの豆のように似ている**という意味になります。

They're **like two peas in a pod**.
あの二人は**そっくり**ですね。

「人・物の外見」を表すオノマトペ
英語で言うなら……

ほっそり —— **slender**（ほっそりした）
willowy（柳のようにほっそりした）

ぽっちゃり —— **plump**（丸くてぽっちゃりした）
chubby（丸くてぽっちゃりした）

がっしり —— **sturdy**（がっしりした）
well-built（体格の良い）

しっとり —— **dewy**（露のようにつややかで潤った）
moist（濡れた、湿気のある、涙ぐんだ）

つやつや —— **glow**（健康的でつやつやした）
sheen（つや、光沢）

きらきら —— **glitter**（きらきら輝く）
glistening（濡れて光った）
bling-bling[bling]（きらきらする、きらきらする物）

ぎらぎら —— **dazzling**（まばゆい）

ぴかぴか —— **shiny**（ぴかぴか光った、輝いた）

はっきり —— **clearly**（はっきり）

くっきり —— **distinctly**（〔他と区別して〕鮮明に）
on fleek（〔眉毛が〕くっきり）

そっくり —— **look exactly the same**（見た目がそっくり）
look exactly like ~（～にそっくり）
like two peas in a pod（瓜二つ）

4 空間の状態

空間の状況を表す英語は、場所によって使われる頻度が異なります。都会にいるときには、混んでいる場所を表す英語をよく耳にします。例えば、packed in like sardinesやcheek by jowlは「ぎゅうぎゅう」の満員電車で使われます。一方で、田舎に行くと、空いているところを表すフレーズをよく耳にします。田舎の「ひろびろ」とした家についてはroomyやspacious、人気(ひとけ)がない「がらん」とした場所のことはgodforsakenと言えます。

ぎっしり

packは荷物などをかばんに入れることを表す動詞ですが、**人でとても混んでいる場所**に対して**packed**と言えます。

This room is **packed** with people! Let's get out of here.
この部屋は人で**ぎっしり**だ！　さっさと出よう。

また、**予定がぎっしり詰まっている**ときにもpackedを使います。

I have a **packed** schedule today.
今日は予定が**ぎっしり**詰まっている。

「**きつい**」を意味する**tight**も良いです。

I'm sorry, but I have a very **tight** schedule this week.
あいにく、今週はスケジュールが**ぎっしり**詰まっているんです。

ぎゅうぎゅう

cheek by jowlはpackと一緒によく使います。cheekは「頬」、jowlは「頬」または「下顎」という意味ですので、このフレーズは、人々が**頬をぴったりくっつけ合って立っている**というイメージです。とても混雑した場所にいるときには、隣の人の頬が自分の頬の横にあることになります。

The people **were packed cheek by jowl** on the train.
電車の中に人々が**ぎゅうぎゅう**に詰め込まれていた。

日本語で「すし詰めのように混んでいる」と言いますが、英語にも、同じ表現があります。それは**packed in like sardines**です。イワシ（sardines）の缶を開くとたくさんのイワシがぎゅうぎゅうに詰まっている見た目は、どこの文化にとっても印象的でしょう。

We stood in the station **packed in like sardines**.
駅で**ぎゅうぎゅう**のすし詰めになって立っていた。

chock-fullは「**溢れるほどいっぱい**」という意味で、スケジュールがいっぱいのときなどにも使えます。chockにはchとckという音があるので、面白味があり表現力に富んだ言葉です。面白いことに、chockはcheek（頬）に由来し、chock-fullは元々mouthful（口いっぱい）という意味でした。

The bar was **chock-full** of students watching the match.
バーは試合観戦をしている学生たちで**ぎゅうぎゅう**だった。

chockablockはchock-fullと同じ意味ですが海事用語です。chockはblockと韻を踏むので、**ぎゅうぎゅうしている**状態を音でよく表していると思います。

The train was **chockablock** with people.
電車は人で**ぎゅうぎゅう**だった。

イギリス英語では、chockablockを短くしたchockersやchockaというかわいい音のスラングも使います。

がらがら

通常、空っぽの空間を英語で表すときには、emptyを使います。**completely empty**で「がらがら」感が出せます。

The movie theatre was **completely empty**.
映画館は**がらがら**だった。

がらん

godforsakenは文字通りにgod（神）にforsaken（見捨てられた）という意味になり、**がらんとしたさびしい場所**にぴったりです。

Why did I come to this **godforsaken** town?
何で僕はこんな**がらん**とした町に来たんだろう？

ひろびろ

「広い」は英語でwideと訳されますが、広い部屋はa **large** roomやa **big** roomと言い、a wide roomなどとは言いません。僕は日本語で「この部屋は大きい！」とよく言ってしまいます。庭や公園についてもlargeかbigで表します。

I wish I had a **big** garden!
ひろびろした庭が欲しい！

ひろびろした部屋には**spacious**という単語も使えます。spaciousはspace（スペース）がたくさんあるという意味です。

What a lovely, **spacious** room!
この部屋は素敵で、**ひろびろ**としていますね！

roomyも「**ひろびろしている**」という意味になります。room（スペース）がたくさんあるということなので、spaciousの意味に似ています。

My apartment in New York is very **roomy**.
私のニューヨークのマンションはとても**ひろびろ**している。

ゆったり

roomyはひろびろした家だけではなく、着心地が**ゆったりとした服装**に対しても使えます。

I like to wear **roomy** jackets.
私は**ゆったり**したジャケットを着るのが好きです。

すかすか、ぶかぶか

空間があり過ぎる様子を英語で表現したい場合は、「ひろびろ」を表す単語とtooをよく一緒に使います。

This box is **too big**.
この箱は**すかすか**ですね。

These pants are a bit **too roomy**.
これらのズボンは**ぶかぶか**です！

「空間の状態」を表すオノマトペ 英語で言うなら……

ぎっしり —— **packed**（〔人で〕混雑した、ぎっしり詰まった）
tight（〔予定が〕ぎっしり詰まった）

ぎゅうぎゅう — **be packed cheek by jowl**
（ぎゅうぎゅうに詰め込まれた）
packed in like sardines（すし詰めになった）
chock-full of ~（～でいっぱいの）
chockablock（ぎゅうぎゅうに詰まった）
*スラングでchockers、chocka

がらがら —— **completely empty**（空っぽの）

がらん —— **godforsaken**（がらんとしてさびれた）

ひろびろ —— **large[big]**（大きい）
spacious（スペースがたくさんある、ひろびろした）
roomy（ひろびろした）

ゆったり —— **roomy**（〔服などが〕ゆったりした）

すかすか、ぶかぶか —— **too big[roomy]**（大き過ぎる）

5 混乱・変形

物事が雑然としている様子を表すとき、日本語ではオノマトペをよく使いますが、英語では、mess up やrumple upのように、upで終わる動詞がよく使われています。この前置詞 のupは、変形したことを強調したり、完了の意味を表したりします。

めちゃくちゃ

mess upはインフォーマルな英語の動詞で、何かを**めちゃくちゃにする**ときに使います。めちゃくちゃになった状態はThat's messed up. とも言えます。

My older brother **messed up** my stamp collection.
兄は私の切手のコレクションを**めちゃくちゃ**にした。

My hair is **messed up**.
私の髪の毛は**めちゃくちゃ**になった。

pell-mellは「**めちゃくちゃ**」という意味でよく副詞として使われ、pêll-mêllというフランス語のオノマトペに由来します。

The wind blew the documents around my room **pell-mell**.
風で部屋の書類が**めちゃくちゃ**に吹き飛んだ。

We ran **pell-mell** up the stairs.
私たちは階段を**めちゃくちゃ**に駆け上がった。

higgledy-piggledyは、元々ブタの群れに対して言うフレーズですので、**ブタの群れのようにめちゃくちゃ**、というイメージが近いです。

After the party, the room was all **higgledy-piggledy**.
パーティーの後、部屋は**めちゃくちゃ**になった。

ごちゃごちゃ

jumble (up) は英語のオノマトペの動詞で、**物がごちゃごちゃに**なったときに使います。イギリスでは個人がいらなくなった物を売るフリーマーケットのことをjumble saleと言います。

All the clothes in the drawer are **jumbled up**.
引き出しの中の洋服が**ごちゃごちゃ**になっている。

messは散らかっている状態を表す語で、**messy**は「**散らかっている**」や「**ごちゃごちゃしている**」という意味になります。

Your room is so **messy**!
君の部屋は本当に**ごちゃごちゃ**しているね！

ばらばら

pieceは「1個」や「1枚」などという意味ですが、**into pieces**や**in pieces**は「ばらばら」になります。

I tore the newspaper **into pieces.**
新聞を**ばらばら**に破った。

I dropped my teacup and it broke **into pieces.**
私は茶碗を落として、**ばらばら**に壊してしまった。

scatterは「**ばらまく**」という意味になります。

My younger sister **scattered** my clothes around the room.
妹が私の服を部屋中に**ばらばら**に散らかした。

scatterbrainというフレーズは、**考えがばらばらで集中できない人**に使います。My best friend is such a scatterbrain!（私の親友は本当におっちょこちょい！）のように言います。

ぼろぼろ

ragは衣服のぼろ切れを指し、**ragged**は「**ぼろ布のようにぼろぼろ**」という意味になります。英語のraggedと日本語の「ぼろぼろ」は由来が似ているでしょう。

I'm fed up with these **ragged** curtains. Why don't we buy some new ones?
こんな**ぼろぼろ**のカーテンはもうイヤ。新しいのを買わない？

Ragged jeans are still in style these days.
最近また、**ぼろぼろ**のジーンズがはやっている。

worn-outは、**使い過ぎでぼろぼろ**になっているイメージです。衣服、車、パソコンなど、いろいろな物に対して使えます。

I only bought these shoes a year ago, but they're completely **worn-out**.
1年前に買ったばかりの靴なのに、履きつぶして完全に**ぼろぼろ**になっている。

thread（糸）とbare（覆われていない）から成る**threadbare**という語は、糸があらわになっている状態を表します。例えば、a threadbare carpetと言えば、**糸が見えるほど擦り切れた**ぼろぼろのじゅうたんです。threadbareは、糸がなくてもぼろぼろの物に対してよく比喩的に使われています。

When I was 20, I had no savings and lived in a **threadbare** apartment.
20歳のとき、私は貯金が一切なく、**ぼろぼろ**のアパートに住んでいた。

くしゃくしゃ

crumple upは「**くしゃくしゃにする**」という意味で、**紙や服装**に対してよく使います。

I **crumpled up** the paper and threw it away.
紙を**くしゃくしゃ**にして、捨てた。

rumple (up) は**髪の毛や服装**に対して使います。

Don't **rumple up** my hair!
僕の髪の毛を**くしゃくしゃ**にしないで！

ぐるぐる

じゅうたんや地図などを**円筒の形にぐるぐる巻く**ときに**roll up**を使います。

I **rolled up** the dough to make a croissant.
クロワッサンを作るために、生地を**ぐるぐる**巻いた。

whirlは**風でぐるぐる舞う**物に対してよく使います。例えば、埃や葉っぱ、雪などです。

When I opened the door, dust **whirled** around the living room.
ドアを開けると、リビングルームに埃が**ぐるぐる**と舞った。

くるくる

twirlは**物をくるくる回す**ときに使います。また、ダンスでくるくる回るときにも言えます。

I **twirled** my thumbs in boredom.
僕は退屈で、両手の親指を**くるくる**回した。

くねくね

ヘビやミミズのように**くねくねと体を動かす**ときには、**wriggle** という英語を使います。

The snake **wriggled** around on the ground.
ヘビが地面の上で**くねくね**と動きまわった。

でこぼこ

bumpy は**でこぼこした地面や凹凸のある物の表面**に対して使います。動詞の bump は「ぶつかる」という意味なので、bumpy はぶつかったところがたくさんある、というイメージです。

This place is too **bumpy** to pitch a tent on.
この場所は**でこぼこ**し過ぎて、テントを張ることができない。

でこぼこの道路やあばたのある肌には、**pitted** が使えます。dig a pit は「穴を掘る」で、pitted で「穴がある」という意味になります。

We drove along the **pitted** road until we got to the farm.
でこぼこ道に車を走らせると、農場にたどり着いた。

「混乱・変形」を表すオノマトペ 英語で言うなら……

めちゃくちゃ — **mess up**（めちゃくちゃにする、ぐちゃぐちゃにする）
pell-mell（めちゃくちゃに）
higgledy-piggledy（めちゃくちゃに）

ごちゃごちゃ — **jumble up**（ごちゃごちゃにする、ごちゃごちゃになる）
messy（散らかっている、ごちゃごちゃしている）

ばらばら —— **into[in] pieces**（ばらばらに）
scatter（ばらまく）

ぼろぼろ —— **ragged**（〔ぼろ布のように〕ぼろぼろの）
worn-out（〔使いこんで〕ぼろぼろの）
threadbare（〔擦り切れたように〕ぼろぼろの）

くしゃくしゃ — **crumple (up)**（〔紙や服装などを〕くしゃくしゃにする）
rumple (up)（〔髪の毛や服装などを〕くしゃくしゃにする）

ぐるぐる —— **roll up**（〔円筒形に〕丸める）
whirl（ぐるぐる舞う）

くるくる —— **twirl**（くるくる回す、くるくる回る）

くねくね —— **wriggle**（体をくねらせる）

でこぼこ —— **bumpy**（でこぼこした）
pitted（くぼみがあってでこぼこした）

6 程度・その他

英語では、物事の程度を副詞や副詞的なフレーズで表現します。意味を強調したいときは、その単語を繰り返したり、似ている単語と組み合わせたりすることができます。例えば、reallyを「めちゃめちゃ」という意味で強調したい場合は、really, reallyと言えます。「すっかり」を意味するcompletelyの程度を強調したければ、utterlyと組み合わせてcompletely and utterlyと言えます。

すっかり

completelyは「**完全に**」という意味で、「すっかり忘れてた」とか「すっかり変わってしまった」と言いたいときにぴったりです。語感を強調して、**completely and utterly**と言うこともできます。

You've **completely and utterly** changed. What happened?
すっかり変わったね。どうしたの？

from top to bottomは「**上から下まで**」という意味で、徹底的に掃除をしたときなどに使います。大掃除が終わってすっかりきれいになったときに、こんなふうに言えるでしょう。

We cleaned the office **from top to bottom**.
職場を**すっかり**きれいにした。

めちゃ

reallyを副詞として使うと、「**本当に**」という意味になります。英語のveryに似ていますが、もう少しインフォーマルな印象を与えます。「めちゃ」「めちゃめちゃ」と同じように、**強調したいときはreallyを重ねて**言うことができます。

I am **really**, **really** happy to see you. It's been such a long time.
君と会えて**めちゃめちゃ**嬉しい。本当に久しぶりだね。

superは「素晴らしい」という意味ですが、「**ものすごく**」を意味する副詞としても使えます。この使い方はreallyと同じですが、さらにインフォーマルな英語になります。

This is **super** fun!
これ、**めちゃ**楽しい！

ばっちり

Column 7 (P. 139) 参照

flawは「欠陥」という意味で、flawlessは欠陥がないことを表します。そして、**滞りなく順調にいく**ことは、**go flawlessly**と言います。

How did your dinner party go last night?
昨夜のディナーパーティーはどうだった？

It **went flawlessly**.
ばっちりだった。

そこそこ

アメリカ英語では、「そこそこ」を**kind of**や、kind ofを略した**kinda**でよく表現します。イギリス英語では**sort of**が使われています。

He's **kinda** smart.
彼は**そこそこ**頭がいい。

I'm **sort of** tired.
私は**そこそこ**疲れている。

時間を表す言葉と「そこそこ」を一緒に使うときには、「**多くても**」を意味する**at most**が使えます。

How far is the apartment from the station?
アパートは駅からどのくらいですか？

It's a 10-minute walk **at most**.
歩いて10分**そこそこ**です。

ぎりぎり

締め切りや電車の時間など、**何かにぎりぎり間に合ったとき**には**make it**というフレーズをよく使います。justやbarelyを付けて**just[barely] make it**とすると、ぎりぎりのニュアンスがより伝わります。

Phew. I **just made it** in time.
よかった。**ぎりぎり**間に合った。

そろそろ

帰りたくなったときや、「**もう時間だ**」と言いたい場合、イギリス英語では**Is that the time?**（もうその時間？）という聞き方をよくします。

Gosh. **Is that the time?**
あら。もう**そろそろ**帰らなくちゃ。

より直接的に言いたい場合は、**It's about time ~**というフレーズを使います。It's about time ~の後にはよく文を続けます。

It's about time we were going.
そろそろ帰る時間だ。

any minute nowというフレーズは「**今にも**」という意味になります。そろそろ着くときや、そろそろ行くときに使えます。

The pizza will be coming **any minute now**.
そろそろピザが来るよ。

「程度・その他」を表すオノマトペ 英語で言うなら……

すっかり —— **completely**（完全に）
from top to bottom（上から下まで、徹底的に）

めちゃ —— **really**（本当に）
super（ものすごく）

ばっちり —— **go flawlessly**（順調に進む）

そこそこ —— **kind of[kinda, sort of]**（そこそこ、ある程度）
at most（多くても）

ぎりぎり —— **(just[barely]) make it**（ぎりぎり間に合う）

そろそろ —— **Is that the time?**（そろそろ〔帰る〕時間だ）
It's about time ~（そろそろ～する時間だ）
any minute now（今にも）

Column 8 英語のオノマトペとシリコンバレー

英語のオノマトペは興奮を与え、楽しさを伝えるので、テック企業やベンチャーの会社は社名やサービスの名前にオノマトペをよく生かしています。

Bing (サーチエンジン)	ピーンという音を表すbingから。 良い物を見つけたときに使う
Yahoo (サーチエンジン)	yahooは歓喜を表すオノマトペ
Netflix (動画配信サービス)	パシッと打つ音や映画を意味する、 スラングのflickから
Twitter (ソーシャルネットワーキングサービス)	twitterは小鳥のさえずりや、 興奮してしゃべる声
Zoom (オンライン会議サービス)	zoomは猛スピードを表すオノマトペ
Splunk (サーチ会社)	plunkはポンと置く音やポロンと鳴らす音
Twitch (ストリーミングのサービス)	twitchはピクピク動く音を表す
Yelp (口コミサイト)	yelpはキャンキャン鳴く声
Yummly (料理のレシピを紹介するアプリ)	yumはおいしさを表す
Zazzle (イーマーケットプレイス)	ギラギラする様子を表すdazzleから

Zipcar （カーシェアリングの会社）	zipは速さを表すビュッという音
Zynga （ゲーム会社）	ヒューンという音を表すzingから

母音のリズムが生む効果

母音の繰り返しを含む名前には気持ちの良いリズムがあります。オノマトペではありませんが、音がニュアンスを効果的に伝えます。こうした母音の繰り返しをassonance（母音韻）といいます。

Dropbox （オンラインストレージサービス）	oを繰り返す
YouTube （動画投稿サイト）	uを繰り返す
Zendesk （ソフトウェア開発会社）	eを繰り返す

子音の繰り返しでアピール

子音を繰り返すと会社の特徴を強調できます。例えば、PayPalという決済サービスの会社のpalは友達という意味で、pを繰り返すことで、会社の信頼性を強調します。

PayPal （決済サービスの会社）	pを繰り返す

Google （サーチエンジン）	gを繰り返す
TED Talks （メディア組織TEDによる動画配信プロジェクト）	tを繰り返す
Birchbox （美容関連用品の会社）	bを繰り返す
SoulCycle （フィットネス会社）	sの音を繰り返す

ちなみに、果物の名前や自然を社名に使っているテック企業もあります。よく知られているのはApple（アップル）やAmazon（アマゾン）ですが、他にも携帯機器会社のBlackBerry（ブラックベリー）、コンピューター会社のRaspberry Pi（ラズベリーパイ）、通信会社のOrange（オレンジ）などがあります。果物の名前は覚えやすくて鎮静効果があると言われています。

Part
5

いろいろなオノマトペ

1　天候

日本語には、雨を表す面白いオノマトペがたくさんあるでしょう。激しい雨でも、ちょっとだけの雨でも、ぴったりの日本語のオノマトペがあります。では、英語でこのような微妙な雨の違いをどう表現すれば良いでしょうか？

ざあざあ

rain cats and dogsは文字通りには「ネコとイヌが降る」ですが、**雨がとても激しく降る**様子を表します。この不思議な表現の由来は不明ですが、動物が降るような雨は大変ですね。

It's **raining cats and dogs** again.
また雨が**ざあざあ**降っている。

pourは「注ぐ」という意味ですが、**土砂降りの雨が降る**ときにも**pour down**の形で使います。

It's **pouring down** now.
今、**ざあざあ**降りの雨だね。

ネイティブの子供は、このpourを使った童歌をよく歌います。

It's raining. It's **pouring**.
The old man is snoring.
雨が降っている。**ざあざあ**降っている。
おじいさんはいびきをぐーぐーかいている。

ちなみに、**downpour**は「**土砂降り**」を意味する名詞として使います。

In the tropics, there are many **downpours.**
熱帯地方では、**ざあざあ**降りの雨が多い。

イギリスでは、pour downだけではなく、**tip down**ともよく言います。

It's **tipping down**, so take an umbrella!
雨が**ざあざあ**降っているから、傘を持っていってね！

ぱらぱら

「ぱらぱら」という雨音を表すときには、英語で**pitter-patter**というオノマトペを使います。

The **pitter-patter** of the rain on the window made me feel quite sleepy.
窓に**ぱらぱら**と当たる雨音ですごく眠くなった。

ちなみに、pitter-patterは「**ぱたぱた**歩く」足音に対しても使うオノマトペです。

ぽつぽつ

sprinkleは、液体や粉を振りまくときに使う動詞ですが、**雨がぽつぽつ降る**ときにも使います。

It **sprinkled with rain** while we were playing soccer.
サッカーをしているとき、雨が**ぽつぽつ**と降った。

spitは唾を吐くときに使う動詞なので少し下品な言い方ですが、**小雨が降る**ときにも使います。小雨が嫌だな、と思うときにこの単語が良いでしょう。

Oh, no! It's started to **spit with rain**!
ああ嫌だな！　雨が**ぽつぽつ**降っている！

雨がぽつぽつ降るとき、歩道などに雨粒のまだら模様が見えるでしょう。ここから、「斑点」を意味する**spot**が、雨がぽつぽつ降る様子をうまく表現します。アメリカ人がsprinkleをよく使うのに対し、イギリス人はspotの方を使うと思います。

Just before the downpour, it started to **spot with rain**.
土砂降りになる直前、雨が**ぽつぽつ**と降りだした。

偶然かもしれませんが、ぽつぽつ降る雨を表す英単語はspの音で始まりますね。このspは英語でぽつぽつという音を表すでしょう。

ぽたぽた

「ぽたぽた」を英語のオノマトペで表現するには**drip-drip**が良いです。drip-dripは、**雨が絶え間なくぽたぽた落ちる音**や蛇口から落ちるしずくの音を表します。

Can you hear the **drip-drip** of the rain?
ぽたぽたいう雨の音が聞こえる？

Drip-drip-drip. The sound of that tap is driving me mad!
ぽたぽたぽた。その蛇口の音で気が狂いそう！

しとしと

drizzle は**細かい雨しずくが降る**ときに使います。特に、一日中降る雨を表すので、「しとしと降っている」に似ています。

It's been **drizzling** the whole morning.
午前中ずっと、雨が**しとしと**降っている。

英語でも、雨の音と種類を上手に表現できると思います。しかし、「しとしと降る雨」と「しんしんと降る雪」の静けさは、英語よりも日本語の方がきれいに表現できるでしょう。これらの日本語のオノマトペはとても新鮮です。

ぽかぽか

外が寒い日に**暖かくて気持ちがいい**室内にいるときには、**toasty** が使えます。toastはトーストという意味なので、「こんがり焼いたトーストのように」暖かいというイメージになります。

Your living room is so **toasty**!
お宅の居間はすごく**ぽかぽか**で暖かい！

balmyは「穏やかな」という意味の語で、**暖かく快適な**日和について使います。特に、春のほがらかで気持ちの良い天気を指します。

This **balmy** spring weather is wonderful.
この**ぽかぽか**した春の天気は素晴らしいね。

ひんやり

外の**冷たくすがすがしい空気**に元気をもらうようなときには、**bracing**が使えます。

I walked to the coast to get some of the **bracing** sea air.
海岸まで歩き、**ひんやり**したすがすがしい海の空気を吸った。

部屋が**涼しくて気持ちがいい**ときには、**nice and cool**という決まったフレーズが良いです。

It's **nice and cool** in this shop.
この店は**ひんやり**して気持ちがいいね。

むしむし、じめじめ

stuffyは、**蒸し暑い部屋**や**空気の通りが悪い場所**に対して使います。

This room is very **stuffy**!
この部屋はすごく**むしむし**する！

蒸し暑い天気に対しては**sticky**をよく使います。stickyはねばねば、べたべたした物に対しても言います。汗で体がべたべたするぐらいじめじめしているイメージです。

I hate this hot and **sticky** weather. I've had to change my shirt twice already.
この暑くて**じめじめ**した天気は超イヤ。もう2回もシャツを着替える羽目になった。

ぶるぶる

寒さや熱で**体がぶるぶる震える**ときには**shiver**が使えます。

Don't just stand there **shivering**. Come inside!
そんなところで**ぶるぶる**してないで。中に入ってよ！

I was **shivering** all night long from the cold.
寒くて一晩中**ぶるぶる**していた。

ぞくぞく

Part 2-4 (P. 085) 参照
Part 2-6 (P. 097) 参照

寒気がして風邪をひきそうなときには、**chill**が使えます。

I'm suffering from **chills**. I feel really awful.
ぞくぞく寒気がする。すごく気持ちが悪い。

「天候」を表すオノマトペ英語で言うなら……

ざあざあ —— rain cats and dogs（雨が激しく降る）
pour[tip] down（土砂降りの雨が降る）
downpour（土砂降り）

ぱらぱら —— pitter-patter（ぱらぱらという雨音）

ぽつぽつ —— sprinkle (with rain)（雨がぽつぽつ降る）
spit with rain（小雨がぽつぽつ降る）
spot with rain（雨がぽつぽつ降る）

ぽたぽた —— drip-drip（ぽたぽたという雨音）

しとしと —— drizzle（細かい雨が降る）

ぽかぽか —— toasty（ぽかぽかと暖かい）
balmy（穏やかで暖かい）

ひんやり —— bracing（冷たくてすがすがしい）
nice and cool（〔屋内が〕涼しくて気持ちがいい）

むしむし、じめじめ —— stuffy（〔換気が悪く〕蒸し暑い）
sticky（〔体がべたつくほど〕蒸し暑い）

ぶるぶる —— shiver（体が震える）

ぞくぞく —— chill（寒気がしてぞくぞくする）

2 物音

日本語と同じように、音を表す英語のオノマトペはたくさんあります。日本語では、「どんどん」や「がんがん」など、濁音のオノマトペが音の大きさや無造作な感じを表します。英語の場合は、jingle, clink, ka-chingのように、iの音があるオノマトペは鋭い物や高い音をよく表し、tapやflapのようにpで終わるオノマトペは突発的な短い音を表します。

どんどん

Part 4-2 (P. 149) 参照

bangは**花火や銃の音、ドアを激しくたたく音など**を表します。強い力でたたいたり打ったりするときに動詞としても使います。

I **banged** on the door, but he wouldn't answer.
ドアを**どんどん**たたいたが、彼は出ようとしなかった。

hammerは「ハンマー」という意味ですが、ハンマーで何かをたたくときに動詞としても使えます。例えば「釘をたたく」はhammer a nailです。ハンマーがなくても手などで**何かの表面を思い切りたたく**ときにhammerと言えます。

My neighbor was so noisy I **hammered** on the wall.
隣の人があまりにもうるさかったので、壁を**どんどん**とたたいた。

とんとん

Column 3 (P. 066) 参照

通常、**ドアなどをとんとんとノックする**ときには**knock**を使います。迷信深いイギリス人とアメリカ人は、幸運のおまじないとしてよく木を3回たたいてknock on woodと言うことがあります。

My mom said she **knocked** on the door, but I didn't notice it because I was asleep.
母はドアを**とんとん**とノックしたと言ったが、僕は寝ていたから気付かなかった。

何かを**軽くたたく**ときには**tap**をよく使います。特に、指の関節でたたくときにはtapが良いです。

I didn't want to wake up the neighbors, so I **tapped** on the window.
隣の人たちを起こしたくなかったので、窓を軽く**とんとん**とたたいた。

がんがん

金属がぶつかってやかましい音を立てるときには、**clang**を使います。

You can hear the **clanging** noise of the blacksmiths from miles away.
数マイル先の鍛冶屋から**がんがん**という音が聞こえてくる。

がたがた

Column 5 (P. 107) 参照

rattleは赤ちゃんのおもちゃの「ガラガラ」ですが、**風などで窓やドアが揺れる音**を表します。また、ガラガラヘビはrattlesnakeと言います。

The windows **rattled** all night in the strong wind.
一晩中、強い風で窓が**がたがた**と音を立てていた。

ばたばた

トリが**羽ばたいている音**は英語で**flap**と言います。

I could hear the **flapping** of the birds' wings.
トリたちが**ばたばた**と羽ばたいている音が聞こえた。

flapはトリだけではなく、**ばたばたと音を立てる物**に対しても同じように使えます。

What's that noise?
あの音は何？

It's the flag **flapping** around in the wind.
風で旗が**ばたばた**している音だよ。

ちゃりちゃり、じゃらじゃら

ポケットに入っている**小銭の音**などは、clink clankやjingle jangleという英語のオノマトペで表すことができます。しかし、**clink**と**jingle**の方がよく使われています。

I could hear the **clink** of money in his pockets.
彼のポケットで小銭が**ちゃりちゃり**いうのが聞こえた。

jingleは動詞としても使えます。

I **jingled** my coins in my purse.
私は財布の中の小銭を**じゃらじゃら**いわせた。

ka-chingや**cha-ching**という英語のオノマトペもあります。スロットマシンや宝くじで大金を引き当てたときの音を表しますが、**昇給したときやたくさん稼いだとき**にも使います。大金を稼いだときに日本語で、「(お金が) ちゃりんちゃりん入ってくる」のように言うのと似ています。ka-chingはレジを開けるときにも使います。

Ka-ching! I just sold my stocks and made loads of money.
ちゃりん! 今、株を売ってめちゃ稼いだ。

ざわざわ

rustleは**葉っぱや草などが風に吹かれて**ざわざわしている様子を表します。英語のオノマトペで、動詞としても使えます。

When I hear the wind **rustling** in the grass, I remember the garden we used to have.

草が風に吹かれて**ざわざわ**いうのを聞くと、かつての庭を思い出す。

しーん

沈黙した様子を表すとき、英語では**There was a silence.**というフレーズをよく使います。沈黙の理由によって、awkward、sudden、eerieなどの形容詞をよく付けます。例えば、気まずい雰囲気になってしーんとなった場合は、**an awkward silence**、奇妙な静けさの場合なら**an eerie silence**と言います。

Our eyes met, and there was **an awkward silence.**
私たちは目が合うと、気まずくなって**しーん**となった。

Suddenly everyone stopped talking in class, and there was **an eerie silence.**
クラスのみんなが急に話を止めると、奇妙な感じで**しーん**となった。

英語のオノマトペは音そのものを表現するので、日本語の「しーん」のように沈黙を表すオノマトペはありません。その代わりに、**You could hear a pin drop.**という比喩があります。「針の落ちる音が聞こえそうなほど静か」という意味です。また、下手な冗談に相手が笑ってくれなくて、しーんとなるときには、英語でcricketsと言います。「コオロギの鳴き声が聞こえるぐらい静か」という意味です。

こっそり、こそこそ

Part 1-2 (P. 020) 参照

こそこそと動くときには英語で**sneak**とよく言います。sneakには、

周りの人が気付かないように音を立てずに動くイメージがあります。sneakの過去形はsnuckになります。

I wanted to go out to a party, so I **sneaked** out of the house while my parents were asleep.
パーティーに行きたかったので、親が寝ている間に**こっそり**家を抜け出した。

日本語では「ステルス」と聞くと、戦闘機を思い浮かべる人が多いかもしれませんが、英語では**stealthily**は何かを**こそこそする**ときに使います。

My cat **stealthily** climbed up the tree.
うちのネコは**こそこそ**と木を登った。

そっと

音を立てずに静かに何かをする様子は、副詞の**quietly**で表現できます。**creep**は**そっと歩く**ときに使う動詞で、過去形はcreptです。

The kids were asleep, so I **quietly crept** up the stairs.
子供たちが寝ていたので、私は**そっと**階段を上った。

通常、stealは「盗む」という意味になりますが、**何かをそっとするときにも使えます**。例えば、奥さんが寝ている間にキスをするときには、**steal a kiss**と言えます。

I **stole a kiss** while my wife was asleep.
妻が寝ている間に、**そっと**キスをした。

「物音」を表すオノマトペ
英語で言うなら……

どんどん —— **bang**（花火や銃の音、激しくたたく音。強くたたく［打つ］）
hammer（思い切りたたく）

とんとん —— **knock**（ドアをとんとんとノックする）
tap（とんとんと軽くたたく）

がんがん —— **clang**（金属同士がぶつかって出す大きな音）

がたがた —— **rattle**（〔窓などが〕がたがたと音を立てる）

ばたばた —— **flap**（〔トリが〕羽ばたく、〔旗などが〕はためく）

ちゃりちゃり、じゃらじゃら —— **clink**（ちゃりちゃりいう音）
jingle（じゃらじゃらいう音、じゃらじゃら鳴る）
ka-ching[cha-ching]（ちゃりん）

ざわざわ —— **rustle**（〔草木などが〕ざわざわと音を立てる）

しーん —— **There was a silence.**（その場が沈黙した）
an awkward silence（気まずい沈黙）
an eerie silence（奇妙な静けさ）
You could hear a pin drop.
（針の落ちる音が聞こえそうなほど静か）

こっそり、こそこそ —— **sneak**（こっそり動く）
stealthily（こそこそと）

そっと —— **quietly**（静かに）
creep（そっと歩く）
steal a kiss（そっとキスをする）

Column 9 英語のオノマトペの文法

冠詞のaとオノマトペ

何かの音が聞こえて、それが何の音かが分からない場合、オノマトペは不定冠詞のaと一緒によく使います。特に、「**a＋オノマトペ＋sound**」という形です。例えば、家の外でネコの鳴き声が聞こえたかな、と思ったら、次のように言えます。

Can you hear **a meowing sound**?
ニャーという鳴き声、聞こえる？

部屋の中で時計の音が聞こえるような気がする、という場合には、以下のフレーズが良いです。

Can you hear **a ticking sound**?
チクタクいう音、聞こえる？

うるさく感じる音の場合は、soundではなく「**a＋オノマトペ＋noise**」を使います。

There's **a beeping noise** in the kitchen. Is it the fire alarm?
台所で**ピーピー**音がしてるよ。火災報知器かな？

また、soundやnoiseを付けない「**a＋オノマトペ**」の形もよく使います。これだけで音がしていることを伝えられます。

There was **a rustle** in the undergrowth.
やぶで**かさかさ**という音がした。

冠詞のtheとオノマトペ

何かの音を聞いてもらいたい場合は、定冠詞のtheとオノマトペをよく使います。例えば、アンティーク時計が優雅にカチカチと時を刻む音を聞いてもらいたい場合は、「**the＋オノマトペ**」で次のように言うのが良いでしょう。

Listen to **the ticktock** of this watch. Isn't it beautiful?
この時計の**カチカチ**いう音を聞いて。素敵でしょう？

「**the＋オノマトペ＋of＋動物の鳴き声・物音**」というパターンもよく使われています。

I could hear **the screech of** the owls.
フクロウが**キーキー**いう鳴き声が聞こえた。

The jingle of sleigh bells could be heard in the distance.
遠くでソリの鈴が**チリンチリン**鳴る音が聞こえた。

動詞としてのオノマトペ

英語のオノマトペはよく動詞としても使われています。-ingを付けて名詞にしたり、時制に合わせて活用したり、普通の動詞と同じように使います。

The leaves **rustled** in the wind.
葉っぱは風で**さらさら**と音を立てた。

The computer has been **beeping** incessantly all night long.
一晩中ずっと、パソコンは**ピーピー**音を立ててるよ。

make・goとオノマトペ —— 子供たちの使い方

英語圏の幼稚園や小学校では、動物のオノマトペがよく教えられています。先生が「**What sound do[does a/the]＋動物の名前＋make?**」と聞き、子供たちが「**動物の名前＋go[goes]＋オノマトペ**」と答える、というパターンです。大人の場合には、このようなパターンはあまり使いません。

（先生） **What sound does a duck make?**
カモは何て鳴く？

（子供たち） **A duck goes quack-quack.**
カモはガーガー鳴く。

「動物の鳴き声」（P. 203〜）にこのパターンがたくさん出てきます。ぜひチェックしてみてください。

3 動物の鳴き声①

欧米の子供たちは幼稚園で歌などを通して動物の鳴き声を学びます。日本人の子供たちも同じでしょう。日本語と英語でイヌやネコなどの鳴き声の表し方が違うのは非常に面白いと思います。また、ウマやヒツジのように、英語圏で大きな存在感を持つ動物は、鳴き声を表す単語が日本語よりも多くあります。

イヌ　ワンワン、ウーッ、ワオーン

イヌ（dog）のワンワンという鳴き声は、英語の擬音語で**woof**や**bow-wow**と言います。

What sound does a dog make?
イヌの鳴き声は何ですか？

It goes **woof-woof** and **bow-wow**.
ワンワンです。

barkもイヌの鳴き声を表しますが、woofとbow-wowと違って動詞としてよく使います。

My neighbor's dog always **barks** at the postal worker.
隣の家のイヌはいつも郵便配達人に**ワンワン**ほえている。

イヌの「**キャンキャン**」という甲高い鳴き声は、擬音語の**arf-arf**や**yap-yap**で表します。大きいイヌにはarf、小さいイヌにはyapを使います。

My chihuahua goes **yap-yap** when he hears the delivery man, and my labrador goes **arf-arf**.

宅配業者が来ると、うちのチワワとゴールデンレトリバーが**キャンキャン**鳴く。

怒っているイヌが口を閉じてうなり声を出すときには**growl**を使います。

I don't like it when dogs **growl** at me.
イヌが**ウーッ**とうなるときは好きじゃない。

howlはオオカミの鳴き声を表しますが、イヌが頭を上げて遠ぼえするときにも使います。

It was a full moon, so my dog **howled** all night long.
満月だったので、うちのイヌは一晩中**ワオーン**とほえていた。

ネコ｜ニャー、フーッ、ゴロゴロ

ネコ（cat）のニャーという鳴き声は通常、擬音語の**meow**で表現します。次のように動詞としても使えます。

The cat was hungry so it **meowed** three times.
ネコはお腹を空かせて**ニャーニャーニャー**と3回鳴いた。

ネコが怒っているときには、**hiss**という動詞を使います。

My cat just **hissed** at me.
うちのネコが僕に向かって**フーッ**と鳴いた。

ネコが嬉しいときに喉をゴロゴロいわせる音は**purr**で表します。

The cat **purred** when I stroked its head.
ネコの頭をなでると、**ゴロゴロ**と喉を鳴らした。

ブタ　ブーブー、キーキー

日本語では、ブタ（pig）の鳴き声はブーブーですが、英語では**oink**になります。日本語のブーブーと同じようにoinkは繰り返して言います。

A pig goes **oink-oink**.
ブタは**ブーブー**鳴く。

gruntはブタやイノシシ（boar）に対してよく使いますが、gruntの方が低い鳴き声です。oinkと違って、gruntは動詞としても使えます。

The pigs started to **grunt** when they saw the food.
ブタはエサを見ると、**ブーブー**と鳴き始めた。

最後に、ブタがけがをしたり怖がったりするときに出すキーキーという高い鳴き声は**squeal**です。

The pig **squealed** when the dog bit its tail.
そのブタはイヌにしっぽをかまれると、**キーキー**と鳴き声をあげた。

ヒツジ　メー

ヒツジ（sheep）はイギリスやニュージーランドでよく見かけます。ヒツジの鳴き声は**baa**です。ちなみに、sheepの複数形は単数形と同じです。

The sheep goes **baa-baa**.
ヒツジは**メーメー**と鳴く。

baaと違って、**bleat**は動詞として使えます。

Can you hear the sheep **bleating**?
ヒツジが**メー**と鳴いているのが聞こえますか？

ウシ　モー

英語でウシ（cow）の鳴き声は**moo**です。mooは動詞として使えます。

The cows were **mooing** in the field.
野原でウシが**モー**と鳴いていた。

ウマ　ヒヒーン

ウマ（horse）の鳴き声は英語で**neigh**という擬音語になります。

What sounds does a horse make?
ウマの鳴き声は何？

A horse goes **neigh**.
ウマは**ヒヒーン**と鳴く。

whinnyはneighより高い鳴き声で、ウマが興奮しているときに使います。また、ウマの足音は**clip-clop**で表現します。

When I gave the horse a carrot, it **whinnied** happily.
にんじんをあげると、ウマは嬉しそうに**ヒヒーン**といななないた。

I heard the sound of horse hooves **clip-clopping** down the road.
ウマが道を歩く**カッポカッポ**という、ひづめの音が聞こえた。

ロバ　ヒーホー

ロバ（donkey）の鳴き声は**hee-haw**になります。hee-hawは名詞として鳴き声を表すだけで、動詞として使うことができません。『くまのプーさん』に出てくるロバのEeyore（イーヨー）の名前はhee-hawと韻を踏んでいます。

A donkey goes **hee-haw**.
ロバは**ヒーホー**と鳴く。

ライオン、トラ　ガオーッ

ライオン（lion）とトラ（tiger）のうなり声は**roar**です。roarには、猛獣などが口を大きく開けて、とても大きな声で鳴いているイメージがあります。

The lion let out a bloodcurdling **roar**.
そのライオンは**ガオーッ**とぞっとするような鳴き声を上げた。

growl もよく使われていますが、これは口を閉じたままウーッと威嚇するときの声を表現します。

「動物の鳴き声」のオノマトペ 英語で言うなら……

イヌ ―― **woof**（ワン）、**bow-wow**（ワンワン）、
bark（ワンワンほえる）
yap-yap（キャンキャン）、**arf-arf**（キャンキャン）
growl（ウーッとうなる）
howl（ワオーンと遠ぼえする）

ネコ ―― **meow**（ニャーと鳴く）
hiss（フーッと鳴く）
purr（喉をゴロゴロ鳴らす）

ブタ ―― **oink-oink**（ブーブー）、**grunt**（ブーブー鳴く）
squeal（キーキー鳴く）

ヒツジ ―― **baa-baa**（メーメー）、**bleat**（メーと鳴く）

ウシ ―― **moo**（モーと鳴く）

ウマ ―― **neigh**（ヒヒーン）、**whinny**（ヒヒーンといななく）
clip-clop（カッポカッポ歩く）

ロバ ―― **hee-haw**（ヒーホー）

ライオン、トラ ―― **roar**（ガオーッ）
growl（ウーッ）

4 動物の鳴き声②

イギリスの田舎ではトリの鳴き声ならどこでも聞こえてきますが、虫の鳴き声はそれほど耳にしません。実際、英語にはトリの鳴き声を表す単語がたくさんありますが、虫の音を表す単語はあまりないように思います。英語では、トリの鳴き声はbirdsongと言いますが、insect songとは言いません。日本語の「虫の声」という言葉は、変化に富んだ美しい虫の音をよく表していると思います。

トリ　チッチッ、チュンチュン

トリ（birds）の種類によって鳴き声が異なりますが、**tweet**は一般的な鳴き声を表します。「さえずる」という意味があり、SNSのTwitterがこの語に由来するとしてよく知られるようになりました。

I can hear a bird **tweeting**.
トリが**チッチッ**とさえずっているのが聞こえる。

小さいトリの鳴き声の場合には**chirp**も使えます。

I like to listen to the birds **chirping** in the tree every morning.
毎朝､トリが木の上で**チュンチュン**とさえずるのを聞くのが好きだ。

ニワトリ　コケコッコー、クックッ

メンドリ（hen）の「クックッ」という鳴き声は**cluck**ですが、オンドリ（cock、rooster）の「コケコッコー」は英語では**cock-a-doodle-doo**となります。

The hen **clucked** angrily when I tried to take its egg.
メンドリの卵を取ろうとしたら、怒って**クックッ**と鳴いた。

Every morning on the farm, I get woken up by the rooster's **cock-a-doodle-doo**.
農家では毎朝、オンドリの**コケコッコー**という鳴き声で起こされる。

また、ひな鳥（chick）がピヨピヨと鳴く声は**cheep**で表します。

The chicks **cheeped** excitedly when their mother approached.
母ドリが近付くと、ヒナは興奮して**ピヨピヨ**と鳴いた。

ハト　ポッポ

ハトは英語でdoveまたはpigeonと言います。doveはハト小屋に住んでいて、真っ白い羽を持つ平和の象徴。一方、pigeonは町に住んでいるイメージです。doveとpigeon、鳴き声はどちらも同じ語で**coo**です。

The pigeon goes **coo**.
ハトは**ポッポ**と鳴く。

カラス　カーカー

カラス（crow）の鳴き声は**caw**で表し、カーカーと同じように2回言うことが多いです。cawは動詞としても使えます。

The crow goes **caw-caw**.
カラスは**カーカー**と鳴く。

カッコウ　カッコー

カッコウ（cuckoo）の場合、他の動物と違って、鳴き声が名前と同じで**cuckoo**となります。

What sound does a cuckoo make?
カッコウの鳴き声は何？

Cuckoo of course.
もちろん**カッコー**だよ。

フクロウ　ホーホー

Column 9 (P. 201) 参照

フクロウ（owl）には2つの鳴き声があります。それは**hoot**と**tu-whit tu-whoo**です。hootの方がよく使われていますが、子供の本ではtu-whit tu-whooも見かけます。

What sound does an owl make?
フクロウの鳴き声は何？

Hoot-hoot.
ホーホー。

ワシ　ピーッ

ワシ（eagle）の鳴き声は**screech**です。screechはタイヤがキーッと鳴る音も表し、動詞としても使えます。

Can you hear the eaglc **screeching**?
ワシが**ピーッ**と鳴いているのが聞こえますか？

アヒル、カモ　ガーガー

英語では、アヒルもカモもduckと言います。duckの鳴き声は**quack**ですが、通常quackを2回繰り返します。

A duck goes **quack-quack**.
アヒルは**ガーガー**鳴く。

quackは動詞として人に対しても使えます。

Who's making that **quacking** noise?
アヒルみたいな**ガーガー**いう声を出しているのは誰？

ガチョウ　ガーガー

ガチョウはgooseで、複数形がgeeseになります。ガチョウの鳴き声は**honk**です。英語のネイティブにとって、ガチョウの鳴き声と昔の車のクラクションの音は似ているので、車のクラクションもhonkで表します。honkは動詞としても使えます。

The geese have been **honking** all day.
ガチョウは一日中ずっと**ガーガー**鳴いている。

七面鳥　ゴロゴロ

アメリカ人にとって、七面鳥（turkey）はThanksgiving（感謝祭）とChristmas（クリスマス）と結び付いています。七面鳥の鳴き声は**gobble-gobble**で、2回繰り返して使います。

What sound does a turkey make?
七面鳥はどういう鳴き声？

Gobble-gobble.
ゴロゴロ。

ハチ　ブンブン

ハチ（bee）やハエ（fly）などの虫は**buzz**という音を出します。buzzは虫の羽の音を表します。buzzは動詞としても使えます。

Can you hear a bee **buzzing** around?
ハチが**ブンブン**音を立てているのが聞こえる？

カエル　ゲロゲロ

カエル（frog）の鳴き声は2つあります。**ribbit**は低く響くカエルの鳴き声を表します。**croak**は動詞としても使えます。アメリカのカエルはribbitと鳴き、イギリスのカエルはcroakだ、と言うネイティブもいます。

Can you hear the frogs **croaking**?
カエルが**ゲロゲロ**鳴いているのが聞こえる？

What sound does a frog make?
カエルの鳴き声は何？

Ribbit-ribbit.
ゲロゲロ。

ヘビ　シューッ

ヘビ（snake）がシューッという音を立てるときには**hiss**を使います。

Did you hear that **hissing** sound? I think there is a snake nearby.
あの**シューッ**という音聞いた？　近くにヘビがいると思う。

ネズミ　チューチュー

ネズミ（mice）の鳴き声は**squeak**になります。

My pet mouse **squeaks** when he dreams of cheese.
僕のペットのネズミは、チーズの夢を見て**チューチュー**と鳴く。

コオロギ、セミ　コロコロ、ミーンミーン

コオロギとセミの鳴き声は**chirp**と言います。イギリスにはセミがいませんが、日本と同じようにアメリカにはセミがたくさんいます。

I listened to the grasshoppers **chirping**.
コオロギが**コロコロ**鳴くのを聞いていた。

When I go to a hot spring in the summer, I like to hear the cicadas **chirping**.
夏、温泉に行って、**ミーンミーン**というセミの鳴き声を聞くのが好きです。

「動物の鳴き声」のオノマトペ 英語で言うなら……

トリ	**tweet**（チッチッとさえずる） **chirp**（チュンチュンさえずる）
ニワトリ	**cluck**（クックッと鳴く） **cock-a-doodle-doo**（コケコッコー） **cheep**（ピヨピヨと鳴く）
ハト	**coo**（ポッポ）
カラス	**caw-caw**（カーカー）、**caw**（カーカーと鳴く）
カッコウ	**cuckoo**（カッコー）
フクロウ	**hoot-hoot**（ホーホー） **tu-whit tu-whoo**（ホーホー）
ワシ	**screech**（ピーッと鳴く）
アヒル、カモ	**quack-quack**（ガーガー）、**quack**（ガーガー鳴く）
ガチョウ	**honk**（ガーガー鳴く）
七面鳥	**gobble-gobble**（ゴロゴロ）
ハチ	**buzz**（羽音をブンブンさせる）
カエル	**ribbit**（ゲロゲロ）、**croak**（ゲロゲロ鳴く）
ヘビ	**hiss**（シューッと音を立てる）
ネズミ	**squeak**（チューチュー）
コオロギ、セミ	**chirp**（コロコロ鳴く、ミーンミーンと鳴く）

Column 10　赤ちゃん英語とオノマトペ

日本語の赤ちゃん言葉と同様に、赤ちゃんの話す英語と、大人が赤ちゃんに使う英語は、普通の英語とは違います。赤ちゃん英語はbaby talkと言います。英語圏のネイティブは、赤ちゃん英語をよくペットに対して使います。恥ずかしいことに、僕もうちのネコによく使います。

擬音語で伝える

赤ちゃん英語は結構面白いので、いろいろなフレーズを紹介したいと思います。まず、擬音語の赤ちゃん英語から。赤ちゃんは動物の鳴き声が好きなので、動物の名前の代わりに動物の鳴き声を使います。乗り物なども同じように擬音語で伝えます。

moo-moo（モーモー）＝cow（ウシ）
neigh-neigh（ヒヒーンヒヒーン）＝horse（ウマ）
baa-baa（メーメー）＝sheep（ヒツジ）
bow-wow（ワンワン）＝dog（イヌ）
choo-choo（シュッシュッ）＝train（汽車）
vroom-vroom（ブルンブルン）＝car（車）

「語尾がy」でかわいい印象に

英語では、語尾にyやieを付けるとかわいらしいイメージになるので、赤ちゃん言葉の語尾にはよくyを付けます。これをdiminutive（指小辞）と言います。

drinky＝drink（飲み物）　blankie＝blanket（毛布）
poopy、whoopsie＝poo（うんち）
beddy-bye＝（ねんね。赤ちゃんが寝るときに大人が言う言葉）

赤ちゃんはおいしい食べ物や飲み物のときに、**yummy**という言葉を使います。反対に、嫌いな味のときは**yucky**と言います。「おいしい」という意味のyumと、「ゲッ」という不快感を表すyuckにyを付けたもので、これらの言葉は大人もたまに使います。

冠詞は避ける

日本の赤ちゃん言葉では、発音しにくい言葉をよく避けますが、英語では赤ちゃんにとって難しい冠詞を避けて話します。

（赤ちゃん英語）I want drinky. ＝（普通の英語）I want a drink.
（赤ちゃん英語）I want go in big vroom-vroom.
＝（普通の英語）I want to go in the big car.

また、代名詞も赤ちゃんにとっては難しいので、大人は赤ちゃんに名前で話しかけます。母親は赤ちゃんに対して、Iではなくmommy（イギリス英語ではmummy）を使います。

（赤ちゃん英語）Mommy wants Johnny to go to beddy-bye.
＝（普通の英語）I want you to go to bed.

また英語圏の大人はよく、まだしゃべれない赤ちゃんに対して、次のように言ってあやすことがあります。

ga gi goo goo
goochy goochy goo
boo jeee jeee jooo

内容も言葉もない、擬音語のようなあやし言葉です。これは日本人はほとんどしませんね。

日本語索引

＊本書に出てくる日本語のオノマトペの索引です。
＊色数字は見出し語として取り上げられているページです。
＊黒数字は、そのページに出てくる英語の訳や説明（通常、色文字部分）の中でそのオノマトペが使われていることを示しています。
＊各ページ番号は、そのテーマ内での初出ページを示しています。（例えば、「あつあつ」はP.129の解説文とP.132の表現リストの両ページに出てきますが、初出のP.129を示しています）

あ行

か行

さ行

た行

な行

は行

ま行

や行

わ行

英語索引

＊ 本書に出てくる単語とフレーズの索引です。
＊ 色数字は見出し語のオノマトペに対応する表現として取り上げられているページです。
＊ 各ページ番号は、そのテーマ内での初出ページを示しています。（例えば、anxious はP.094の解説とP.099の表現リストの両ページに出てきますが、初出のP.094を示しています）
＊ イタリック体は「英語のオノマトペ」です。

Luke Tunnicliffe（ルーク・タニクリフ）

1982年、イギリス、コーンウォール州生まれ。父はイギリス人、母はアメリカ人。13歳のとき、一家でアメリカのノースカロライナ州へ。大学卒業後は雑誌編集者・記者の仕事を経験。2005年にJET プログラムで来日し、新潟県の中学校で英語教師を2年間務める。2008年に再来日し、英会話講師とビジネス翻訳の傍ら、東京大学大学院にて翻訳論を学ぶ。2010年に開設したウェブサイト「英語 with Luke」が、月間150万ページビューを記録する人気サイトに。著書に『イギリスのスラング、アメリカのスラング』（研究社）、『「とりあえず」は英語でなんと言う?』（大和書房）、『「カジュアル系」英語のトリセツ』（アルク）などがある。

ブログ「英語 with Luke」▶ www.eigowithluke.com

英語でオノマトペ表現

発行日　2021年 7 月14日（初版）
　　　　2024年10月 2 日（第2刷）

著　者　ルーク・タニクリフ（Luke Tunnicliffe）
編　集　株式会社アルク 出版編集部
校　正　Margaret Stalker、渡邉真理子
デザイン　小口翔平＋畑中茜＋須貝美咲（tobufune）
イラスト　内山弘隆
D T P　株式会社創樹
印刷・製本　日経印刷株式会社

発行者　天野智之
発行所　株式会社アルク
〒141-0001　東京都品川区北品川6-7-29
ガーデンシティ品川御殿山
Website ▶https: //www.alc.co.jp/

PC：7021023　ISBN：978-4-7574-3697-8